우리 아이가
공부를 못하는
진짜
이유

우리아이가 공부를 못하는 진짜 이유

초판 1쇄 인쇄 2013년 6월 1일
초판 1쇄 발행 2013년 6월 5일
지은이 최영현
발행인 이승심
펴낸곳 iwbook은 도서출판 상상의 날개의 단행본 출판브랜드입니다.
출판등록 2008년 12월 02일 / 제25100-2008-000013호
주소 서울시 서초구 잠원동 69-18 반포쇼핑 7동 201호
내용 문의 032-543-7005 구입 문의 070-7756-7005 팩스 032-543-6005
전자우편 leess7005@naver.com
ⓒ 최영현, 2013

ISBN 978-89-93676-20-4 13370

· 이 책의 전부 또는 일부 내용을 이용하려면 반드시 저작권자와 iwbook 양측의
  서면에 의한 동의를 받아야합니다.
· 잘못된 책은 구입처에서 바꾸어 드립니다.

학원을 보내고 과외를 해봐도 별 수 없는
중하위권 구하기 프로젝트

우리 아이가
공부를 못하는
진짜
이유

iWbook

시작하는 말

나는 이제 막 대학에 들어간 딸과 초등학교 4학년이 되는 아들의 엄마이다. 그리고 교육 디자인 연구소에서 교육이론에 관한 다양한 연구를 하고 있다. 교육디자인 연구소를 시작하기 전 나는 학원에서 13년 동안 상담을 맡았었다.

학원에 오는 아이는 상담카드의 등급란에 보통 4~5등급을 적어 놓는다. 그러나 선수인 나는 그 점수가 실제 6~7등급임을 안다. 그나마 고등학교 모의고사 성적 중 제일 나은 걸 쓴 것을 알기 때문이다. 부모님은 실제 이 점수를 그대로 믿는다. 요 정도 나온 것만 봐 왔기 때문이다. 이것보다 떨어진 것은 부모님에게는 '쉿!' 했으니까. 보이는 저 제일 나은 점수에도 부모님은 한숨이 나온다. 그러니 아이의 마음은 오죽하겠는가? 부모님께서 먼저 미술을 해보라고 하는 경우는 드물다. 대부분 학생이 먼저 결정한 다음, 학원에 등록하기 위해 학원을 찾아오는 것이라 부모님은 상담 내내 아이가 왜 이런 결정을 했는지 이해가 가지 않는다.

  미술을 하면 돈도 많이 들어가는데 왜 하필…, 어떻게든 말리고 싶은 부모님과 이것이 마지막 길임을 알고 설득해달라는 아이의 눈빛. 그 상황을 난 13년간 지켜봐 왔다. 그리고 이제야 비로소 왜 그 아이들이 그렇게 될 수밖에 없었는지 알게 되었다. 우리 둘째가 초등학교 4학년이 되는 이 시점에서야…

2013년 4월 송도 서재에서
최영현

contents

시작하는 말 _004
프롤로그 _011

chapter 01 우리아이는 왜 중하위권에 머물게 되었을까? _015
　　　　　동상이몽 _016
　　　　　우리 아이는 언제부터 선생님의 설명이 들리지 않았을까? _017
　　　　　언제부터인가 초등학교 문제가 고등학교 문제만큼 어려워졌다. _019
　　　　　이러한 상황에서 분명히 아이들은? _020
　　　　　이렇게 난이도가 높은 공부를 해야 이유가 무엇인가? _023

chapter 02 엄마의 허세를 위해 아이들은 공부한다 _027
　　　　　주위에 1등급은 많은데 왜 9등급은 보이지 않는가? _028
　　　　　서울대 병에 걸린 대한민국? _030
　　　　　얼마 정도 점수여야 인 서울 할 수 있나요? _033
　　　　　극 상위권 엄마들은 좋겠다고? _035
　　　　　공부가 세상은 전부라 믿고 그것을 전달하려는 위험한 선배들 _039
　　　　　왜 우린 이렇게 아이들에게 공부를 강요하는가? _042

chapter 03 지쳐가는 우리 아이들 _047

센 OO, 강한 OO _048
매달 면죄부를 받는 엄마 _051
공부가 직업인 아이들 _052
집중적으로 집중력 저하 운동을 시킨다 _056
궁지에 몰린 쥐 _063
원인은 마라톤을 100M 달리기라고 착각하는 엄마에게 있다 _066

chapter 04 억지로 죄를 만드는 부모 _073

칭찬이 독이 된다? _074
'실패'가 가져다주는 선물. '끈기' 그리고 '대안' _079
인정하자! 아이들은 엄마의 붕어빵이다 _081
공부 방법은 연어처럼 회귀한다? _083
그럼 적당한 공부시간은 어느 정도일까? _086
아이의 가능성을 망치는 엄마의 잘못 _088
당신들이나 그렇게 하세요. 강남 엄마. 대치동 엄마. 압구정동 엄마 _092
아이들도 수강료가 아깝다는 생각을 할 거라는 착각을 버려라 _094

chapter 05 면죄부 찾기 _099

난 우리 아이에게 '공부 열심히 해.'대신 '오늘도 재밌게 놀아.'라고 한다 _100
못하는 것을 인정하라 _112
지탄받는 사교육? 당당한 면죄부 _115
제대로 된 면죄부를 찾아라 _119

chapter 06 최소한의 공부를 위한 힌트 _123

　국어점수 올리는 법＝만화책 _124
　여우같이 준비해라 _128
　교육정책 변화를 너무 두려워하지 마라 _129
　재수를 두려워하지 마라 _141
　내신은 용의 꼬리보다는 뱀의 몸통이 낫다 _142

chapter 07 '콩'과 '팥' 이야기 _147

　세상은 변화하고 있다. 필요한 사람들이 달라지고 있다 _148
　무시당하는 E.Q _153
　개성이 강한 아이 만들기 _155
　너무 늦지 않았을까? _157
　'콩'과 '팥' 이야기 _160
　난 콩? 아님 팥? _164
　행복을 만들어 줘라 _166

chapter 08 콩 찾기 _169

　프롤로그 (다시 반복) _170
　'미술'이라는 콩을 채운 아이들 이야기 _176
　내가 만난 아이들 _179
　포기는 왜 하는가? _185
　그래도 성적 올려 좋은 대학을 가고 싶다? _188
　부모는 포기할 즈음 아이의 말을 들어준다 _191
　욕심을 낮추자 _194

chapter 09 하기도 싫고 듣기도 싫은 공부하라는 잔·소·리 _199

부모의 잔소리 _200
한국에서 '공부'는 끔찍한 살인사건도 만든다 _201
우리 아이들은 지금 병을 앓고 있다 _209
친구 같은 부모가 필요하다 _216
아이들은 어디서부터 시작하는 지도 모른다 _219
거실, 아이에게 양보 하세요 _226
공부 좀 못하면 어때? _228

chapter 10 우리가 만든 잘못된 교육환경 _231

왜 사회지도층은 자녀들을 유학 보내는 걸까? _232
대한민국에서의 갈등 _233
애들을 버려라 _234
엄마가 먼저 변해보자 _237
아이를 적으로 만들지만 마라 _239
고등교육이념 _242

chapter 11 우리아이가 공부를 못하는 진짜이유 _245

공부를 못하는 진짜이유 _246
공부를 싫어하게 된 여섯 가지 이유 _247
문제 해결 방법 _253
부모의 역할 _256
노력해도 안 되는 공부 _258

에필로그 _261

프롤로그

부처님의 가르침은 마다하고 놀기만 좋아하는 동자승이 있었다. 어느 날 주지스님은 외출을 하시면서 동자승을 불렀다. 주지 스님은 마루에 물이 반쯤 채워진 컵을 내놓으시고는 "컵에 물을 가득 채워 놓으면 이제 일도 안 시키고 놀게만 해 주겠다."고 하셨다. 동자승은 좋아서 팔짝팔짝 뛰었다.

"대신 물은 저기 앞마을의 우물에서 떠와야 한다."
"그리고, 바가지나 그릇을 사용해선 안 된다."
동자승은 생각했다.
" 까짓 그것쯤이야. 벌써 반이나 채워졌는데 뭘 "
그러나 막상 컵에 물을 채우려니 문제가 생겼다. 20분 거리에 있는 우물에서 손에 담아 오는 물은 도중에 흘러내리거나 말라버렸다. 몇 번을 반복했지만, 결과는 같았다. 손에 가득 담으면 담을수록 세어버리고 그나마 남아 있는 물도 오는 사이에 말라 버렸던 것이다.
동자승은 점점 지쳐갔다. 울상을 짓던 얼굴에 어느새 눈물이 볼을 타고 흘러내렸다. 그때 지나가던 노인이 동자승에게 물었다.

"왜 울고 계시나?"

"물을 채워야 하는데 안 채워져요. 스님이 곧 돌아오실 텐데…. 엉엉"

울먹이던 동자승은 이내 울음보를 터뜨렸다. 노인은 어찌 된 사연인지 금세 알아채고는 주머니에서 무언가를 꺼냈다. 콩이었다.

"스님이 컵에 물 대신 다른 걸 넣으면 안 된다고 하셨나요?"

"아뇨. 바가지나 그릇을 쓰면 안 된다고만 하셨어요."

"그럼 이걸 넣어도 되겠네요!"

노인은 빙그레 웃으며 콩 한 줌을 컵에 넣어주었다. 콩이 들어가자 컵의 물이 위로 차올랐다.

해질 무렵, 외출했던 주지 스님이 돌아오셨다. 스님은 물컵에 콩이 든 것을 보시고는 아무 말씀이 없으셨다. 다음날, 동자승은 콩이 조금 불어난 것을 보고 놀랐다. 그리고 며칠 후 불었던 콩에서 싹이 나오기 시작했다.

동자승은 싹이 난 콩을 땅에 심었다. 그랬더니 콩의 싹은 하루가 다르게 쑥쑥 자라났다. 동자승은 콩이 커가는 모습을 지켜보고 돌보는 즐거움에 노는 것을 잊었다.

chapter
01
우리아이는 왜
중하위권에 머물게 되었을까?

동상이몽

우리 아이는 언제부터 선생님의 설명이 들리지 않았을까?

언제부터인가 초등학교 문제가 고등학교 문제만큼 어려워졌다.

이러한 상황에서 분명히 아이들은?

이렇게 난이도가 높은 공부를 해야 이유가 무엇인가?

chapter 01

우리아이는 왜
중하위권에 머물게 되었을까?

동상이몽

엄마 생각

미술학원을 찾아오는 아이와 엄마는 대부분 공부에서 실패했다고 느껴서 다른 길을 찾고자 온다. 상담실에서 마주한 나에게 엄마들이 하는 공통적인 말이 있다.

"우리 아이가 중학교 때까지는 그럭저럭 공부했는데 고등학교에 올라와서는 공부가 엉망이네요. 머리는 좋은데 노력을 하지 않는 거 같아요."

하지만 그건 엄마의 엄청난 착각이다.

아이 생각

난 그때마다 학생에게 이런 질문을 던진다.

"있잖아. 선생님께서 수업시간에 설명하면 분명히 졸지도 않고 집중해서 듣는 데도 내용이 전혀 이해가 되지 않고 귀로 술술 빠져나가지? 그게 언제부터였던 거 같니?"

"중학교 1학년 때요?"

"아니 좀 더 솔직히 얘기해봐."

아이는 우물쭈물하며 엄마의 눈치를 살핀다.

"솔직히 초등학교 4학년 때야 5학년 때야?"

그제야 아이가 배시시 웃는다.

"4학년 때요. ㅋㅋㅋ"

아이의 대답을 전혀 예상하지 못한 듯 엄마는 의아하다는 표정을 짓는다.

우리 아이는 언제부터 선생님의 설명이 들리지 않았을까?

하위권 성적의 아이들에게 선생님의 설명이 언제부터 이해하기 어려웠는지 물어보면 간혹 5학년이나 6학년을 거론하는 아이들도 있다. 하지만 대다수가 초등학교 4학년을 꼽는다. 그 이유는 초등학교 4학년 시험지를 보면 알 수 있다.

자, 한번 풀어 보시도록!

1. 그림을 보고 □ 안에 알맞은 수를 써넣으시오.

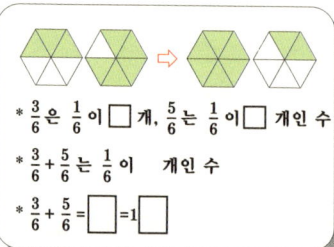

* $\frac{3}{6}$은 $\frac{1}{6}$이 □개, $\frac{5}{6}$는 $\frac{1}{6}$이 □개인 수
* $\frac{3}{6} + \frac{5}{6}$는 $\frac{1}{6}$이 □개인 수
* $\frac{3}{6} + \frac{5}{6} = $□$=1$□

2. ○ 안에 >, =, <를 알맞게 써넣으시오.

$3\frac{5}{7} + 2\frac{3}{7}$ ○ $6\frac{4}{7} - \frac{2}{7}$

3. 과일바구니에 감 $2\frac{1}{5}$kg과 귤 $3\frac{1}{5}$kg을 담아 무게를 달았더니 $6\frac{4}{5}$kg이었습니다. 상자의 무게는 몇 kg입니까?

( )

4. 다음에서 설명하는 두 소수의 합을 구하시오.

· 0.1이 27, 0.01이 3, 0.001이 5인 수
· 0.1이 9, 0.01이 8인 수

( )

5. 다음중 계산이 바르지 <u>않은</u> 것은 어느 것입니까?··································( )
① 0.8+1.7=2.5
② 1.5-0.9=0.8
③ 3.14+1.22=4.36
④ 5.62-3.198=2.43
⑤ 4.531-0.8=3.731

6. 마루네 가족은 우유를 어제 1.2L 마셨고, 오늘은 0.95L를 마셨습니다. 마루네 가족이 어제와 오늘 마신 우유는 모두 몇 L인지 풀이과정을 쓰고, 답을 구하시오.

답: _____

7. 다음 중 삼각자를 이용하여 직선 가와 수직인 직선 나를 바르게 그린 것은 어느 것인지 골라 기호를 쓰시오.

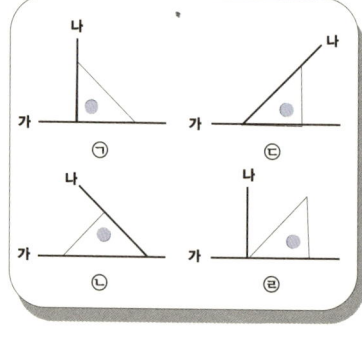

( )

언제부터인가 초등학교 문제가 고등학교 문제만큼 어려워졌다.

초등학교 수학문제 VS 수능 수리문제

 2009학년도 대학수학능력시험에서 웃지 못할 어이없는 상황이 벌어졌다. 서울 강남에 있는 초등학생대상인 S학원의 문제와 비슷한 유형이 수리 나형(인문계) 25번 문제에 출제되었기 때문이다. S 학원의 창의사고력 수학 교재에 나오는 문제는 원이 8개가 아니라 9개이고 시작점과 도착점 위치만 수능문제와 다르다. 학원관계자는 이 문제가 실린 교재를 2~3개월 전부터 쓰기 시작했다고 한다.

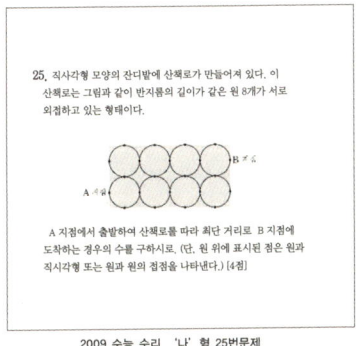

2009 수능 수리 '나' 형 25번문제

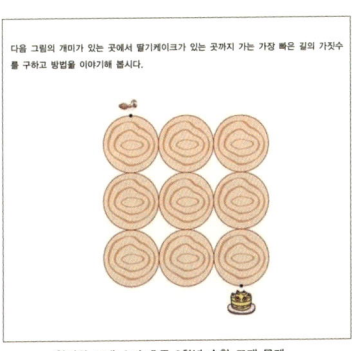

창의력 교재 소마 초등 3학년 수학 교재 문제

 문제를 낸 출제자는 "그동안 길 찾기 문제는 직선으로만 내는 경우가 많아 창의적으로 풀 수 있는 문제를 두세 달 전 고안해낸 것"이라며 "초등학생들도 창의력만 있으면 쉽게 풀 수 있는 문제"라고 설명했다. 과연 그럴까? 초등학생이 수능에나 나올 법한 문제를 풀었다고 창의력이 키워지는 건지 묻고 싶다. 반대로 초등학교 3학년이 고3 수험생이 풀어야 할 수준의 문제를 못 푼다고 창의력이 부족한 것으로 폄하되는 것은 아닌지 심히 우려된다.

　공부는 단계별로 배워야 할 수준이 있다. 초등학교에 맞는 단계가 있고 중학교에 맞는 단계가 있다. 고등학생은 고등학생대로 맞는 수준이 있다. 특출나게 뛰어나서 월반할 정도가 아니라면 극성스럽게 단계를 앞서 가려 하지 말자. 산 아래서 봐야 할 풍경이 있고 초입에서 봐야 할 풍경이 있다. 산등성이에서 봐야 할 풍경이 있고 정상에서 봐야 할 풍경이 있다. 서 있는 그 자리에서 봐야 할 풍경을 마음껏 감상할 수만 있어도 충분하다.

　정상에서 봐야 할 풍경을 초입에서 다 봐 버리면 정상에서 느낄 수 있는 감흥이 얼마나 클까? 부모의 욕심보다 아이의 미래가 먼저다. 아이에게 진정한 공부의 기쁨과 성취감을 맛보게 해주는 것이 자식을 위한 부모의 책임은 아닐까? 모든 것을 부모에게 맞추지 말고 아이에게 맞춰서 생각해 보자. 그럼 답이 보일 것이다.

이러한 상황에서 분명히 아이들은?

　어느 순간, 자신이 이해 못 하는 문제 앞에서 이것을 해결하고 갈 것인가 덮어두고 갈 것인가를 고민했을 것이다. 그 문제를 풀어야 다음 문제도 해결된다는 것을 모르는 아이에겐 단지 그 순간을 넘기는 것이 더 중요하다. 왜냐하면, 엄마가 점수를 못 맞아 왔다고 화낼 것이 분명하기 때문이다. 그렇다고 엄마에게 모르는 문제를 물어보면 대부분 그런다.

"야! 학교에서 배웠으면서 그것도 몰라."

그럼 엄마들은 학교에서 배운 거 다 알고 있는지 되묻고 싶다. 아이들이 모르는 것은 당연하다. 한 번 배워서 모든 아이가 100% 다 소화한다면 모두 천재일 것이다. 그런 아이들이 1등을 하는 것이고, 그 중 한 개를 놓친 아이가 2등을 하는 것이다. 3개는 당연히 3등일 것이고 엄마들은 그것을 이해하려 들지 않는다. 자신의 과거는 완전히 잊은 상태이기 때문이다.

아이들은 이쯤에서 현실과 타협을 시작한다. 이해는 못 해도 외우면 되기 때문이다. 수학 그까짓 거 어차피 문제집에서 나오니까 답 채 외우면 그나마 90점 정도는 맞을 수 있다는 거 애들도 다 안다. 이쯤에서 아이는 책상에 앉아 공부를 시작하고 그 모습에 엄마는 뿌듯해한다.

"오~옷. 우리 아이가, 우리 아이가 공부를 하네!"

그러나 그거 아는가? 우리 아이는 지금 세상과 타협하면서 억지 점수를 만들고자 외우고 있고 결국 다음 단원부터는 계속 외우게 될 것이라는 사실을…. 그러나 이런 것이 결국 고등학교에 와서는 의미가 없음을 알게 된다. 학교에서 정기적으로 치르는 중간, 기말시험은 어느 정도 예측한 문제가 교과서 중심으로 출제되기에 외워서도 가능하다. 그러나 모의고사는 정말 생뚱맞은 데서 출제가 된다. 그리고 문제를 완전 꽈배기처럼 비비 꼬아서 어렵게 만들기 때문에 결국 외워서 버텨온 것이 들통 나게 되는 것이다.

그래서 고1 모의고사 성적표에서 웃는 부모와 우는 부모가 갈리게 되는 것이다.

자, 웃는 부모가 되기 위해 이제 더 달려야겠다고 생각하는가? 제발, 제발 그런 마음 좀 버리자. 덜 달려도 웃는 부모가 될 수 있다.

"누구나 100점을 맞아도 괜찮잖아요. 정말 초등학교문제는 쉽게 내주세요."

이렇게 난이도가 높은 공부를 해야 이유가 무엇인가?

초등학교 1학년 아이에게 대학은 아직 12년 후의 이야기이다. 그러나 우리 엄마들은 이미 그때부터 대학입시를 시작하고 있다. 모든 대화의 화두는 '대학에 가려면….'이다. 너무 일찍, 미리 서둘러 걱정하는 거다. 이 걱정 때문에 아이와 엄마는 힘든 여정을 할 수밖에 없다. 사실 중2쯤 되면 반에서 10등 안쪽에 있는 엄마들은 고민이 시작된다.

"우리 애를 특목고에 보내야 하나? 서울에 있는 대학을 보내려면 특목고는 필수라고 하던데…."

1970년대 박정희 대통령 시절 이야기다. 나이 어린 초등학생들이 중학교 입시지옥에 시달리는 현상에 '과외 망국론'이란 단어까지 생기는 상황이 되었다. 당시 박정희 대통령은 1970년대 들어 중학교 입시를 폐지하고 이어서 1974년에 본격적으로 고등학교 입시를 폐지함으로써 고교평준화 정책이 시작되었다. 이로써 초등학생과 중학생은 자유로워 졌다.

그런데 어느새 다시 그 시절로 돌아갔다. 이유는 더 좋은 학교에 가기 위해서란다. 대학만을 목표로 하니까 그 대학에 가려면 이 고등학교를 나야와 한다고 하고 이 고등학교에 가려면 그 중학교를 나와야 한다고 한다. 그리고 이젠 그 중학교에 가려면 적어도 초등학교는 어느 지역에서 나와야 한다는 것이다. 그것도 모자라 이젠 대학 가서도 같은 초등학교, 중학교, 고등학교 출신들끼리 뭉친단다. 이러다가 교육이 나라를 망치는 거 아닌가 싶다.

누가 만든 이야기인가?
누가 만든 현실인가?

한 외국어고가 있었다. 내가 이 학교를 알게 된 때는 2000년, 당시 실업계고등학교가 '00외국어고'라고 이름을 바꾼 시기였다. 당연히 수준이야 일반 인문계고보다 낮다는 게 주위의 평가였다. 그리고 4년 후, 동네에 유명한 특목고 전문 학원이 들어와서 광고를 대대적으로 했다. 그리고 지금은 서울대도 보내고 제법 외국어고로서 자리를 잡아가고 있다.

한 상위권 엄마의 말이 중학교 때 아이가 성적이 떨어져서 그 학원을 찾아갔는데 그 학교를 보내라고 하더란다. 수준이 별로여서 생각이 없다고 했더니 특목고니까 금방 수준이 올라갈 거라고 했다. 곧 특목고가 세상을 주름 잡는 시대가 온다면서 지금 보내라고 했다는 것이다. 성적이 상위권으로 비교적 좋았던 이 엄마는 중학교 때부터 미술대학을 보낼 생각이 있었기 때문에 아이를 그곳에 보내지 않았다. 그리고 지금 이런 말을 한다. 학원에서 만든 학교라고…, 그 학교에 가면 좋은 인맥과 상위권의 경쟁 등 일반고에서 하는 것보다 좋다고 소위 하는 말로 밀더란다. 이것은 학원이 학원생을 확보하기 위한 작전이다. 일단 특목고라는 목표를 갖게 하면 학원을 꾸준히 다니게 된다는 것이다.

중학생부모들이 아이들이 공부를 열심히 하게 만드는 동기부여를 위해 특목고 입학이라는 목표를 갖게 하는 것이다. 그러려면 다른 아이들과는 조금 다른 난이도의 공부를 해야 하는 것은 당연한 거 아닌가? 그렇게 보여야 뭔가 특별해 보이기도 할 것이기에.

유능한 아이들이 모이면 당연히 입시율이 좋을 수밖에 없다. 이것이 특목고의 실체이다. 공부 잘하는 아이들이 모이는 것처럼 보이게 만들고 학교를 그럴듯한 이름으로 포장해 놓는 것이다. 그럼 이제 처음 아이를 교육하는 부모들은 그런 줄 알고 아이를 보내는 것이다.

그럼 학교 교육만으로 그 아이들이 좋은 대학에 갔을까? 그 학교에 다니는 학부모들의 뒷얘기를 들어보면 그룹과외에 끼워주지 않아 고민인 부모들이 많단다. 그리고 몰래몰래 학원 유명강사를 초빙해서 따로 고액 그룹과외를 받는다고 한다. 그것이 마치 고민인양 자랑인양 이야기했다.

최근 입시제도가 바뀌고 내신이 중요하게 바뀌면서 특목고도 예전 같지 않다.

chapter
02
엄마의 허세를 위해
아이들은 공부한다

주위에 1등급은 많은데 왜 9등급은 보이지 않는가?

서울대 병에 걸린 대한민국?

얼마 정도 점수여야 인 서울 할 수 있나요?

극 상위권 엄마들은 좋겠다고?

공부가 세상의 전부라 믿고 그것을 전달하려는 위험한 선배들

왜 우린 이렇게 아이들에게 공부를 강요하는가?

chapter 02

엄마의 허세를 위해 아이들은 공부한다

주위에 1등급은 많은데 왜 9등급은 보이지 않는가?

'엄친아, 엄친 딸'이라는 신조어가 있다. '엄마 친구 아들' '엄마 친구 딸'이라는 말로 "엄마 친구 아들 아무개는 수능 1등급 맞고 서울대 들어갔는데…. 거기서 어쩌고저쩌고…, 너도 그랬으면 좋겠는데…." 이렇게 아이들이 직접 보지는 못했지만, 항상 비교 대상이 되는 '엄마 친구 아들, 딸'을 빗댄 신조어다.

엄마들 모임에서 '누구는 몇 등급인데 어찌했다더라.'라며 열을 올리며 소위 엄친 딸, 엄친아를 거론할 때 물어봤다.

"혹시 주위에 9등급 맞는다는 애 본 적 있어?"

다들 없다고 대답했다. 다른 모임에서도 물어봤지만 역시 한 번도 없었다. 그러나 나는 1년에 2~3명은 족히 본다. 다음 표를 보자.

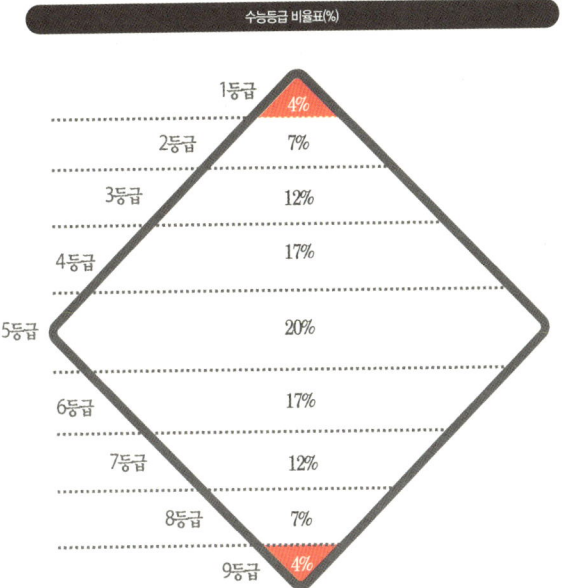

분명 존재함에도 왜 없는가? 둘 다 4%다. 숨겨지는 9등급! 엄마들의 허세가 바로 이거다. 아이들과 상담을 해보면 엄마주위에서 나만 빼놓고 다 공부 잘 하는 거 같다고 한다. 그래서 '엄친아 엄친 딸'이라는 말이 등장하자마자 그토록 빠르게 퍼져 나가 유행어가 되었고, 아이들에겐 마치 공공의 적처럼 되어버린 것이다. 그런데 나는 그런 아이들에게 이렇게 말한다.

"그거 아니? 너희 엄마도 밖에 나가서는 너도 2등급은 맞는다고 해!"

그래서 세상엔 공부 잘 하는 애들이 많아 보이고, 그래서 우리 애만 공부를 못하는 것처럼 보이는 것이다. 엄마들의 허세가 바로 이

거다. 아이가 그동안 맞은 점수 중에 가장 좋은 점수, 그게 체육이어도 좋다. 단지 성적표에 1등급, 2등급 찍혀 나온 점수만을 가지고 친구들에게 자랑한다.

"우리 애도 그럭저럭 공부는 잘해."

그러다 대학에 떨어지면 이렇게 얘기한다.

"에~휴, 내내 잘하다가 컨디션이 좋지 않아 그만 수능을 망쳤지 뭐야."

아이를 사랑하는 마음이야 어디 뭐라 할 수 있는가? 창피해서 숨기는 거 아니다.

'내 새끼 나라도 자랑해 줘야지, 편들어 줘야지' 하는 마음 다 안다. 나도 새끼를 키우고 있는데 어찌 모르겠는가. 그래서 어디 가서 이야기하면 꼭 우리 아이만 못하는 것 같아서 찝찝하다. 그리고 돌아서서 고민한다.

"우리 아이만 못하는 건가?"

서울대 병에 걸린 대한민국?

초등학생 엄마는 '우리 아이가 서울대쯤이야.' 라고 생각한다. 그러나 고등학교 수능을 앞두고는 '서울대에 떨어지기라도 해봤으면 좋겠다.'면서 굳이 원서를 써달라는 엄마를 간혹 본다. 이건 나만 겪는 일은 아닐 것이다. 정신이 없는 엄마처럼 보여도 오죽 자식이 공부 못하는 거 감추고 싶으면 저럴까 싶은 마음에 안타깝기도 하다.

언론에서 지역별 서울대 합격자를 기사화할 정도니 더 말해서 무엇을 하겠는가. 그만큼 학생이나 학부모나 서울대는 인생에서 천국보다 더 먼저 가고 싶은 곳이다. 난 아이들을 강요하는 그런 엄마를 보면 이렇게 설득하고 싶다.

"어머니, 서울대에 갈 수 있는 아이들은 하늘에서 내리는 것이어요!"

엄마가 미리 포기한다면 최소한 아이들은 행복해 질 수 있을 테니 말이다.

서울대가 2012년 미술대학 입시전형방법을 바꿨다. 미대라 해도 그동안 서울대 미대가 특별했던 것은 이유가 있다. 실기도 실기지만 적은 모집인원에다가 1차 전형에서 성적으로 커트를 하고 2차에 실기를 치르는 방식이었기 때문이다. 실제로 많은 아이에게 서울대는 이미 다른 나라 대학이었다. 그러던 서울대가 느닷없이 입시 제도를 바꿨다. 1차 실기에 2차도 실기를 치르고 마지막으로 최저학력을 수능 3등급으로 발표한 것이다. 이것은 실기로 1차 합격, 2차 합격을 하면 3차에도 갈 수 있다는 즉, 아무나 실기고사장에 들어 갈수 있다는 거였다.

이러한 변화는 서울대 미대 역사상 최고의 경쟁률을 기록하게 하였다. 디자인학부는 23명을 모집하는데 지원자가 무려 1,820명이 몰렸고, 79.13:1의 경쟁률을 기록했다. 시험장이 부족했던 서울대는 결국 일산의 킨텍스를 빌려 시험을 치러야 했다.

이것은 기현상까지 낳게 했다. 시험장에서 시험을 마치고 나오는 풍경이 마치 김연아 선수가 피겨대회에서 금메달을 따고 귀국하는 환영장면을 연상케 했단다.

우리 아이가 서울대 입시를 치러봤다는 것만으로도 가문의 영광이라는 듯 사진 플래시가 사방에서 쉬지 않고 터지더라는 거다. 부모의 사랑이 이런 건가 싶어 쓴웃음만 나왔다는 것이 그 자리에 갔던 부모님의 말씀이다. 물론 이 부모님도 꼭 합격하리라는 확신에서 원서를 쓴 것은 아니지만, 자신의 모습이 투영되어 기분이 영 상쾌하지는 않았다는 것이다.

얼마 정도 점수여야 인 서울 할 수 있나요?

인 서울. In seoul.

'서울대는 하늘에서 내리는 것이다'라는 맘으로 일단 극상위에 대한 욕심을 버렸다는 부모의 그 다음 욕심! 그것이 바로 '인 서울'이다. '서울에 있으면 다 서울대' 바로 그것이다.

"얼마 정도 점수여야 인 서울 할 수 있나요?"

엄마들은 요렇게 질문해야 그래도 입시를 좀 아는 부모라고 생각을 하나보다.

난 이렇게 대답해 주고 싶다.

"어느 과요?"

과별 편차가 커서 사실 확실한 답을 해주기는 어렵다. 그러나 실제 현장에서 입시를 치른 학생이 이과는 평균 3등급, 문과는 2~3등급을 받아야 한다고 말한다. 이것은 수시모집에서 최저등급을 반영한 것이다. 그러니 실제 수능으로만 치러지는 전형은 많이 높아진다는 것을 고려할 필요가 있다.

서울대를 가기 위해서 지원하는 아이들의 숫자를 세보면 대충은 답을 알 수 있다. 자, 서울대를 지원한 2013학년도 수시모집지원자 수를 세어보자. 일반전형만 1,744명 수시모집에 17,738명이 지원해서 경쟁률이 10.17대 1이었다. 지역균형선발전형, 예체능계열 제외 결국 수시모집에서 탈락한 학생들이 자그마치 15,994명이 남는다. 그 애들이 지방에 있는 대학도 가겠지만 그래도 모두가 열망하는 만큼 인 서울 하려고 노력할 것이다. 이렇게 본다면 결국 '인 서울=서울대' 라는 것이 성립되는 것이다. 2013학년도 입시에서 언·수·외 3과목 모두 만점을 받은 경이로운 학생이 392명이다.

출제위원은 만점자가 1%가 되도록 쉽게 출제했다고 한다. 수능응시자 수가 모두 621,336명이면 만점자가 과목마다 6,233명이 나오게 하겠다는 것이다. 그러나 완벽하게 3과목 모두 만점을 받은 입시생은 392명뿐이다. 이 아이들이야 당연히 서울대든 인 서울이든 자신들이 학교를 선택해서 갈 것이다. 그 나머지 아이들은 어떤지 알아야 인 서울을 논할 수 있지 않을까?

적어도 인 서울을 하겠다면 1등급 즉, 상위 4% 안에는 있어야 하는데 그 인원이 자그마치 24,853명이다. '인 서울'을 생각한다면 2등급 이상은 족히 되어야 한다는 계산이다.

그렇다. 상위 9% 안에 있어야 한다는 것인데 그럼 68,347명. 아! 서울은 이미 포화상태다. 안타깝게도 현실은 2등급이면 이미 서울권에서 벗어나는 것이다.

더구나 재학생이 76.7%, 졸업생이 23.3%다. 그냥 단순하게 생각해보자. 392명 중에 고3은 어느 정도 숫자겠는가?

이렇게 숫자만 본다면 정말 우리 아이는 전혀 가능성이 없는 것처럼 보인다. 아, 절망적인가?

그러나 더욱 약이 오르는 것은 수능 출제 위원의 말이다.

"학교 수업에 충실한 수험생이면 충분히 해결할 수 있는 핵심적이고 기본적인 내용을 출제했다."라고 염장을 지른다. 과연 우리 아이는 학교수업에 충실하지 않아서 만점을 못 받았을까? '학교 수업에 충실한' 그런 아이는 딱 392명이고 나머지는 일명 '날라리'인가?

결국, 난이도 조절에 실패했다는 여론의 지탄을 받고 나서야 '그 정도로 쉽게 출제하겠다는 의지의 표명'이었다며 책임을 회피한다. 그러기에 수험생은 나 스스로 모든 피해를 책임지면서 입시제도에 맞춰야 하는 처절한 처지에 놓여있는 것이다. '에잇, 나 대학 안 가!'라고 포기하고 싶지만, 그러지 못하는 게 또한 현실이니 결국 아니꼬운(?) 제도에 맞춰 움직일 수밖에 없다.

극 상위권 엄마들은 좋겠다고?

"서울대 갈 아이라고 소문난 아이인데, 중간고사에서 전교1, 2등이 아니라 반에서 3등을 했어요. 전 너무 속상한데 아이는 무덤덤합니다. 어떻게 해야 할까요?".

"제 아들도 그래요. 반에서 1등 하던 놈이 2등 하면 자극을 받아야 하는데 2등도 잘한 거라네요. 전교 석차는 어쩌라고요. ㅠㅠ."

인터넷에 올라온 글이다. 염장을 지른다는 표현이 맞을지도 모른다. 그러나 나름 극상위권 엄마들은 피를 말리는 준비를 해야 한다. 2013학년도 입시에서는 언어가 너무 쉽게 출제되어 항상 만점을 맞던 아이가 한 문제만 실수로 틀려도 서울대에서 한참 멀어지는 상황이 되기도 했다. 한 문제 틀리고 2등급이라니, 너무하지 않은가? 이렇듯 한 문제로 모든 상황이 바뀌기도 하므로 준비가 필요한 것이다. 또 상위권 대학은 논술도 준비해야 한다.

한 엄마는 인터넷에 '분통 터지는 수능 올 1등급 엄마의 자괴감'이란 제목으로 글을 올렸다. 12년 동안 아이가 죽도록 준비해 수능 1등급을 받았는데 논술시험으로 아이를 다시 한 번 좌절하게 하는 교육 현실에 대해 성토하는 글이었다.

분통 터지는 수능 올 1등급 엄마의 자괴감 **[1]   *** 꽃 (kj*****)

(중략) 제가 정작 분통 터지는 것은…. 초등부터 시작하여 12년 동안 그저 학교의 가르침에 부응하여, 온 영혼과 육체를 수능에 바치는 울 나라의 불쌍한 자식들과 대게의 경제적 능력이 한계에 있는 부모들의 합작품으로 수능의 결과에 일희일비할 수밖에 없는 현실임에 불구하고, 정말이지 경제력 서민인 부모를 둔 우리 딸 아이가 과외 한 번 안 받고 혼자 사설 독서실에서 자기 주도로 학습하여, 피 터지게 자신과의 싸움에서 올 일 등급이라는 성과를 거두었는데요. (아직 가채점 상태입니다만)전교에서 제일 잘 본 거 같다네요. 기쁘긴합니다만….

그런데 이제부터가 문제이죠.

부모는 부모대로 생활에 맞벌이로 바쁜 결과로 수능시험만 잘 보면 되는 줄 알았는데 정작 수시의 여러 복잡한 전형과 논술이라는 복병과 면접, 뭐가 이리 복잡한지요. 다들 머리에 쥐가 납니다. 정작 수시를 접수

하고 나서야 논술이라는 큰 복병을 맞이한 것이죠.

물론 아이 말마따나 정보 부재로 능력 없는 우리들의 몫이라고는 하지만요.

연대 입학처 교수님의 말씀이십니다.

"부모나 수험생들이 논술의 중요성을 잘 모르고 수시를 접수하고 나서야 그제야 논술을 시작하고 우왕좌왕 하는 모습들을 봅니다."

예~ 맞습니다. 미래를 보지 못한 대다수 부모와 수험생들의 모습이라고 보입니다. 바로 우리의 모습이니까요. (중략)

극 상위권 학생이니 뭐든 될 거 같지만, 그 나름대로 고민이 있는 것이다. 논술이 뭐기에 그렇게 난리들일까? 공부 잘하는 아이들은 한곳으로 몰리고 그것조차 순위를 매겨야 하는 상황에서 치러야하는 본고사라고 생각하면 쉽다.

예체능계에 실기시험이 있다면 인문자연계는 논술시험이 있는 것이다. 2013학년도 입시에서는 면접·구술 고사를 전형에 반영하는 66개 대학, 그나마 다행인지 논술 시험은 서울대 1곳만 봤다.

문제를 내는 사람도 예측하기 어렵고, 문제를 푸는 학생도 어렵다. 이렇게 가변적인 것에 12년간 목숨 걸고 공부한다는 것이 어리석고 어쩌면 재수는 필수 아닌가 하는 생각마저 드는 게 현실이다. 과연 우리 아이를 이렇게 살벌한 목표를 향해가도록 채찍질을 하는 게 옳은 것일까?

특히 중하위권이 극 상위권을 쫓아 하다가 '뱁새가 황새를 쫓아가다가 가랑이 찢어지는 사건'이 터지게 될지도 모른다. 그런데 왜 강요하는가? 이유는 그 근처라도 가보자는 것이리라. 하지만 그러기에는 그 근처가 너무도 멀다.

애가 그런다.

"아빠도 회사에서 조금만 더 노력하면 사장될 거 같은데 좀 더 노력해봐."

대번에 주먹이 날아가지 않을까?

공부가 세상의 전부라 믿고
그것을 전달하려는 위험한 선배들

 12월 어느 날, 서점에 갔다가 우연히 중학생을 대상으로 한 공부비법 책을 발견했다. 내용을 보니 명문대에 합격한 대학생들의 수기였다. 학부모라면 누구나 관심이 갈 것이 분명했다.
 명문대 합격생들의 공부비법은 과연 어떤 것일까? 호기심에 책을 샀다. 집에 돌아오는 길에 책을 펼쳐 읽기 시작했다.
 결론부터 말하자면 이 책은 정말 위험하다. 부모는 우리 아이를 이렇게 공부하게 해야겠다는 생각이 들게 될 것이고, 아이는 따라 하려다 결국 포기하면서 '난 이렇게 못 하니까 쓰레기야'라고 생각할 수 있기 때문이다.
 그만큼 삶에 한 치의 여유도 찾아볼 수 없었다. 그 아이들을 흉내라도 내다보면 우리 아이 성적이 그래도 어느 정도는 더 향상되지 않을까 기대를 하는 중하위권 학부모들께 감히 말한다. "책에 나온 비법을 자신의 아이에게 강요한다면 그것은 갈등을 만들려고 작정한 것입니다." 상위 1%만 갈수 있다는 서울대와 연·고대를 간 아이들이 쓴 책이다. 그리고 공부를 죽도록 열심히 한 아이들이 쓴 책이다.
 책에 대한 평가는 내가 가진 관점에서 바라본 지극히 주관적인 생각일 수도 있다. 하지만 꼭 이렇게 해야만 갈수 있는 학교라면 난 보내고 싶지 않다. 책의 그 어느 곳에도 여유라는 것은 없었다. 한 학생이 자랑스럽게 보여주는 자신의 시간표이다.

책을 읽다 보니 중간에 나도 '우리 아들을 특목고 준비를 시켜야 하나?' 싶은 생각이 들 정도로 세뇌되어 간다는 생각이 들었다. 한 학생은 학원에 다니며 고등학교 내내 서울대만 보고 살았다는 것을 자랑스럽게 이야기했다. 그 학생의 경우엔 특목고 집착증까지 있는 게 아닌가 생각이 될 정도였다.

　물론 책의 내용엔 '학교수업에 열중해라.' '질문해라.' '일진친구들과 어울리지 마라.' 등 도움이 될 만한 것도 있었다.

　그러나 모두가 무용담 같았다. 마치 전쟁터에서 난 이렇게 죽도록 공부해서 여기에 도착했다. 이제 세상은 행복이다.

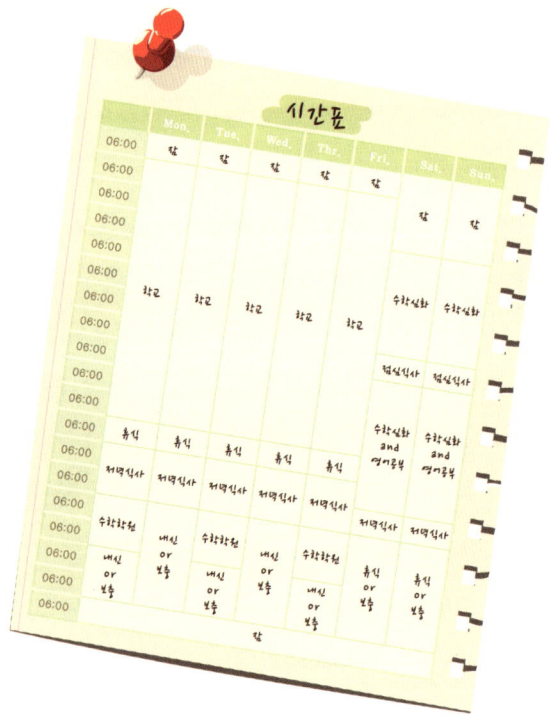

대학 1학년, 대학에 막 합격해서 들떠 있을 새내기 때는 마치 내가 세상에서 최고인 것 같다. 나처럼 살아야 성공할 것 같은 느낌이 든다. 그러나 이제 시작일 뿐이다.

진정한 공부는 이제 비로소 시작되는 것이다. 이렇게 모든 것을 포기한 채 오직 공부만 한 아이들이 모여 다시 경쟁할 것이고, 그 후에 또 취업전쟁, 그전까지라도 행복을 느끼라고 하면서 책을 덮었다. 한숨이 절로 나왔다. 자신이 살아온 삶이 옳다고 느끼는 저 아이들이 앞으로 부딪쳐야 할 세상은 '그것이 전부가 아니다.' 라고 가르쳐 줄 것을 나는 알기 때문이다.

이 아이들이 보여준 성공한 모습을 모범답안처럼 여기며 따라가는 또 다른 아이들, 우리 아이들이 인간이 아닌 공부하는 기계가 되어 가는 것은 아닌지 소름이 끼친다. 공부하는 기계화 된 아이들, 사람냄새를 잃어버린 그런 아이들이 살아가는 삭막한 세상, 생각만 해도 끔찍하다. 나는 무엇보다 그런 책에서 희망을 찾는 아이들이 있을 거라는 사실이 더 두렵다.

왜 우린 이렇게 아이들에게 공부를 강요하는가?

'별거 아닌 걸로 경쟁을 붙이는 사회, 그게 대단한 걸로 착각하는 엄마'

모든 엄마는 아이의 초등학교 입학식부터 기대감에 가슴이 한껏 부풀어 오른다.

"우리 아이는 유치원에서 내내 똑똑하다는 소리를 들었잖아. 내가 우리 아이를 위해 지금부터 열심히 달려주면 1등은 당연하고, 학교에서 가장 돋보이는 학생이 될 거야. 크크크…."

그리고 첫 번째 시험. 성적표가 직접 나오지 않기 때문에 물어물어 우리 아이 성적이 어느 정도 수준인지 알게 된다.

"준하는 이번에 몇 점 맞았어요? 우리 범수는 95점이네. 어머, 100점 요! 어쩜~ 좋겠어요."

이번엔 올백을 누가 받았는지가 가장 큰 이슈이며 부러움의 대상이다. 그뿐일까, 가장 큰 적이며 넘어야할 산이다. 그런데 100점 고지를 금방 넘을 거 같은데 그게 쉽지 않다. 아이를 붙잡고 공부시켜서 한 번쯤 100점을 맞을 수는 있다. 올백도 맞을 수는 있다. 그러나 항상 그러기는 어렵다. 그 쉬운 받아쓰기조차도 뜻대로 안 된다. 왜 한두 문제는 꼭 틀리는지 안타깝기만 하다.

그뿐만 아니다. 아이들의 재능을 발굴하고 키워준다는 목적으로 학교에는 많은 대회가 있다. 대회마다 많은 상장이 쏟아지는데 그

상을 받으려고 부단히 노력한다. 상이 어떤 이득을 주는지는 중요하지 않다. 우리 아이가 상을 타고 그것을 자랑해서 그런 아이의 엄마로 보이는 것이 더 중요한 것이다. 이런 상황에서 아이가 힘들어 하는 것은 잠시 달래면 되는 것이고, 상을 타기 위해 학원을 돌아다닌 것쯤 아이를 위해 충분히 할 수 있는 일이다.

시간이 지나면서 뭔 대회가 이렇게 많나 싶지만, 그만큼 많이 타고 싶은 것이 엄마 마음이다. 시험도 중요하고 이런 대회의 상도 중요하다. 음악, 미술, 체육 모든 분야에 최고인 우리 아이 그것이 바로 엄마의 목표다.

'우왕좌왕'

바로 이것이 초등학교 저학년 엄마의 모습일 거다.

우리 아이는 공부도 잘해야 하고 상도 타야한다. 그렇지 않으면 우리 애만 뒤처지는 느낌이 든다. 혹 남들이 자신을 지진아의 엄마로 여기면 어쩌나 두렵다. 아이가 자신의 욕심대로 따라주지 못하면 아이를 타박한다.

"어이구! 너 때문에 내 성질 다 버린다."

엄마는 공부하라는 잔소리가 아이를 위한 거라고 생각한다. 하지만 그건 착각이다. 엄마가 엄마를 위해 잔소리하는 것이다. 우리 애가 1등을 해야 내가 잘난 엄마가 되기 때문이다.

"난 별로 한 것도 없는데 우리 아이가 그냥 1등을 하드라고요. 호호호"이 말 한번 날려보는 것이 모든 엄마의 소원이다.

그러나 대부분 초등학교 저학년 아이들은 이런 노력을 왜 해야 하는지 모른다. 그냥 놀고 싶을 뿐이다. 그렇기에 아이에게 엄마라는 존재는 이유 없이 공부만 하라는 '잔소리쟁이'일 뿐이다.

이런 상황이 계속되면서 아이들의 본격적인 '공부문제'는 초등 4학년 때부터 시작된다. 놀면서 교과서 공부만 즐겁게 했던, 자생력을 키워온 아이에게는 크게 변한 환경이 아닐 수도 있다. 문제는 이제부터 본격적으로 이해력과 사고력을 요구하는 수업이 진행되어 엄마의 힘으로 만들어진 공부습관과 괴리되는 현상이 나타난다는 거다.

그래서 아이들은 문제가 급격히 어려워진다고 느끼고 힘들어하기 시작한다. 그러나 뭐가 문제인지도 모르는 채 대부분 아이들은 그냥 힘든 공부의 일부라고 생각하고 엄마가 시키는 대로 따라간다. 이때부터 우리 중·하위권 아이들의 기나긴 여정이 시작된다.

chapter
03
지쳐가는 우리 아이들

센 ○○, 강한 ○○

매달 면죄부를 받는 엄마.

공부가 직업인 아이들.

집중적으로 집중력 저하 운동을 시킨다.

궁지에 몰린 쥐.

원인은 마라톤을 100M 달리기라고 착각하는 엄마에게 있다.

chapter 03
지쳐가는 우리 아이들

왜 센 ○○, 강한 ○○

오해하지 마시라. 정력제 이름이 아니다.

참고서 제목이다.

참고서 제목이라는 것을 알고 나면 오히려 더 아리송해질 것이다. 왜 제목에 '센'과 '강한'이 붙어야 한단 말인가. 하지만 그 이유를 알고 나면 이해가 된다. 우리 아이들이 얼마나 엄마의 허황된 경쟁심으로 힘들어하는지 말이다.

학교는 1등부터 꼴찌까지 꼭 순위를 매긴다. 이것을 하지 말자고 초등학교 성적표를 없앴더니, 2008년에 '전국 일제 고사'라는 이름으로 초등학력고사를 부활시켰다. 성적이 떨어졌다는 게 그 이유였다. 그리고는 1등부터 꼴찌까지 순위를 매기고 그 결과에 따라 선생님의 실력까지 운운한다. 교사들이 바짝 긴장해서 학생들을 닦달하는 게 어쩌면 당연하다.

나름 시험공부를 하던 초등학교 3학년 아들이 그런다.

"엄마! 익힘책 교과서 내용을 문제형식으로 구성한 보조교과서 은 쉬운데 왜 시험지는 어려워?"

시험공부랍시고 문제집을 풀던 아들 녀석이 공부가 하기 싫으니 나름 핑계를 댄다고 생각했다. 그런데 문제 내용을 보니 정말 가관이었다.

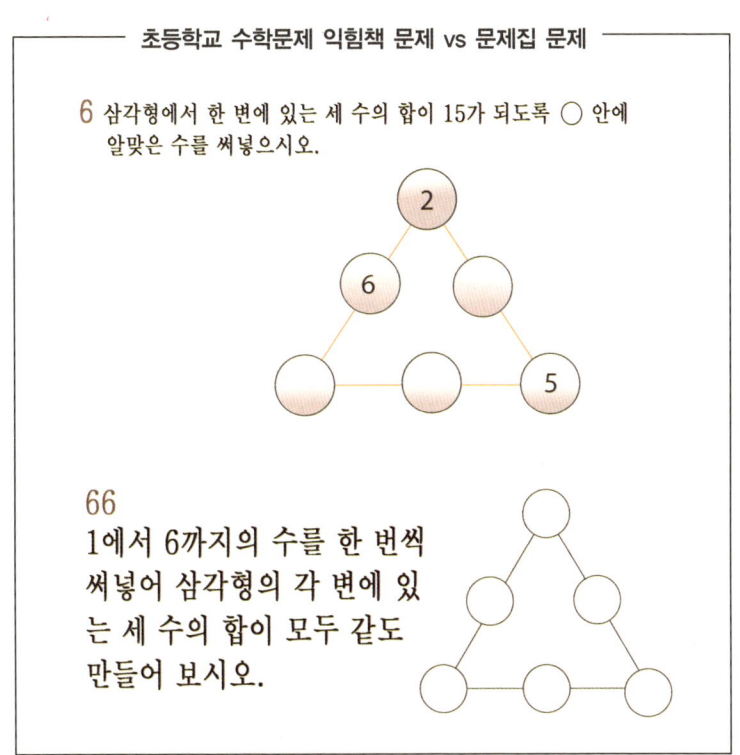

어떤 시험문제가 나올지 모르다 보니 어려운 문제를 풀어보면서 단련시키는 것은 당연하다. 순위가 매겨지니 우리 아이가 뒤처지지 않게 준비해줘야 하는 것도 응당 엄마들의 몫이고 체면이다. 그런데 과연 잘 따라올 수 있는 아이가 얼마나 될까? 꼭 그렇게 해야만 하는 이유는 무엇일까? 그리고 아이는 그것으로 무엇을 보장받을 수 있는가? 그 점수로 대학입시 때 가산점을 준다는 것인가? 공부만 그렇게 매달리다 보면 손해 보는 다른 분야는 없겠는가?

누구는 뭐를 잘하네, 누가 어디서 무슨 상을 탔네. 누구는 어느 영재원에 들어갔다네. 등등 우리 애만 쳐지는 것 같은 반갑지 않은 소식이 들려온다. 비교만 될 뿐 딱히 해결책은 나오지 않는다.

학교 선생님께 간식을 해다 드려도 아이 성적과 직접적인 연관이 없다.

우리 애가 전엔 그림을 잘 그렸던 거 같은데 미술을 시켜볼까? 그러다가 '공부를 놓게 되면 어쩌지?' 하는 불안감이 든다. 이번 중간고사는 망쳤어도 기말에 집중하면 될 거란 생각에 문제집, 과외 등등 이런저런 방법들을 찾아 헤맨다. 그러나 결국엔 또다시 실망하고 만다.

아이는 아이대로 열심히 하고 싶은 마음은 굴뚝같지만, 공부가 잘 안된다. 갑자기 더 어려워지는 학교수업과 시험문제들, 책도 더 이상은 재미가 없다. 이미지는 줄고 텍스트가 많아지기 때문이다. 내용도 TV보다 재미가 없다. 거기에서 아이가 찾는 것은 도피처다

게임, TV, 이성 친구. 요즘엔 초등학교 4학년이면 사춘기를 앓기 시작한다. 아이는 이러한 고민의 실체를 감추려고 노력한다. 이즈음

엄마는 조금씩 알아가기 시작한다.

'아, 우리 아이가 영재는 아니구나! 사실 나도 공부를 썩 잘하는 편은 아니었잖아!'

그렇게 똑똑해 보이던 아이가 평범한 아이로 인지되는 순간, 엄마는 '영재 포기'의 시기로 접어들고 아이에 대한 열정도 서서히 식어간다. 그때부터 성적을 올리는 방안을 찾는데 혈안이 되기 시작한다.

매달 면죄부를 받는 엄마

학년이 올라갈수록 교과서의 문제는 점점 어려워진다. 어느 순간 엄마는 능력의 한계를 느끼게 된다. 아이의 문제를 풀어주며 닦달하고 싶어도 감당이 안 되는 것이다. 그때쯤 엄마는 슬슬 학원을 알아보기 시작한다. 그리고 좋은 학원을 찾아내는 것도 능력이라 여긴다. 좋은 학원이라고 여기면, 아이의 성적이 오를 것이라는 확신이 들면 수강료가 문제가 아니다. 수강료가 부담되면 엄마가 아르바이트해서라도 기어이 학원에 보낸다. 그리고는 '적어도 난 너를 위해 돈을 썼다'며 나중에 아이에게 할 변명거리를 만든다. 그리고 매월 학원으로부터 면죄부를 받는다.

수강료영수증=면죄부

'적어도 난 너를 위해 돈을 썼다.'

그런데 중요한 사실이 있다. 그것이 엄마에게는 면죄부가 될 수 있겠지만 아이에게는 또 다른 족쇄를 채워주는 것일 수도 있다는 것이다.

공부가 직업인 아이들

가족끼리 떠난 미국여행 중에 만났던 K선생의 이야기다. 한참 사춘기를 앓고 있는 중2 딸과 여행을 오신 분인데 이번에 대학에 들어갔다는 내 딸 희주가 부러우셨나보다. 희주가 멋진 아이라면서 시작한 대화는 결국 그 분의 딸아이 공부에 대한 고민으로 이어졌다. 아이의 학원문제로 부녀지간에 작은 의견충돌이 있다는 것이다. 아이는 학원을 끊고 과외를 하고 싶다는데 아빠는 친구라도 사귀려면 학원을 다녀야한다면서 서로 양보하지 않는 거 같다. 일단 나는 아이 편을 들어주었다. 이 아이는 누가 옳다고 우겨서 끌고 갈 수 있는 아이가 아니었다. 이런 경우엔 일단 내편으로 만들어 놓고 이야기를 해야 한다. 아니나 다를까. 그 동안 나에게 경계심을 보이던 아이의 눈빛이 친근하게 바뀐다. K선생은 공부를 하기 싫어하는 딸아이에게 억지로라도 공부를 시켜야하는지를 물어보셨다. 나는 시키지 말라고 했다. 중3때까지 놀게 하라고 했다. 그랬더니 K선생의 표정이 환하게 밝아지며 그런다. "그죠? 그렇죠?" 그 동안 그 말이 많이 듣고 싶었던가 보다. 그도 그럴 것이 아이를 엄마와 같이 싱가폴에 1년간 보냈는데 그곳에서 엄마가 아이를 억지로 공부시키면서 아이가 반항적으로 변했다는 것이다. 성적도 현재 영어를 제외한 과목이 중하위권이라고 했다.

여행 중에 만난 낯선 상대에게 단지 딸이 대학에 갔다는 이유만으로 이렇게 진지하게 물어오는 K선생을 뿌리칠 수 없어서 일단 내 소개를 하고 이야기를 계속했다. 이런 경우를 필자는 **'공부에 체했다'** 라고 표현한다. 선택권이 없는 너무 어린나이에 부모의 강요로 공부를 할 경우, 사춘기에 접어들면 공부가 무조건 싫어진다. 이것이 반항으로 나타나는데 이런 경우 부모가 부드러운 모습으로 지켜보며 다시 공부를 소화할 수 있게 기다려줘야 한다고 조언했다. 그러자 K선생은 교육관에 혼선을 만드는 자신의 조카 둘에 대해 물어왔다.

한 조카는 초등학교 때 전교1등을 했고 중학교에서는 반에서 5등을 했는데 이번 수능시험에서 3.5등급을 받아 충격을 받았다는 것이다. 내가 초등학교 성적은 '엄마성적'이라고 말하자 K선생이 놀란 표정으로 묻는다.

"맞아요! 그런데 그걸 어떻게 아셨어요?"

"알죠! 그게 전문인데요. 호호호"

이 책에서 여태 이야기한 가장 전형적인 모습이라 당연히 잘 알 수밖에 없는 것을 그분만 모르고 있었던 것이다.

둘째 조카는 부모 말을 너무나 잘 들어서 공부도 내내 1등만 하고 대학도 명문대를 졸업했다고 한다.

  나는 대뜸

"그 친구 취업도 못하고 아직 집에서 공부만 하죠?"

  했더니 또 놀라신다.

"아니 어떻게 아셨어요. 서른이 넘는데 아직도 집에 있어요. 자리 피셔야겠네. 하하하"

"공부가 직업인 경우죠!"

  필자가 제일 경멸하는 케이스다. 점점 심각해지고 있는 청년실업 문제가 바로 이것이다. 집안마다 이런 친구 한둘은 꼭 있다. 그 친구의 성장과정을 겪으면서 부모는 매우 흡족했을 것이다. 엄친아 엄친딸이니 주위사람들이 얼마나 부러워했겠는가. 고분고분 말 잘 듣지. 성적 좋지. 좋은 대학까지 나왔지. 그러나 지금은 그저 집안의 애물단지일 뿐이다. 부모의 입장에서는 자녀를 공부시켜 좋은 대학에 보내야만 아이가 미래를 보장받는다고 생각한다. 그래서 자녀가 공부를 잘 할 수만 있다면 물불을 가리지 않는다. 그런데 평균학력이 고학력시대로 접어들면서 청년실업 문제는 더욱 심각해지고 있으니 참으로 아이러니하다.

  그런 아이들은 공부가 직업인 것이다. 문제 푸는 것이 인간관계보다 쉽다. 왜냐하면 외워서 답을 찾으면 되고 공식대로 풀면 좋은 점수가 나오기 때문이다. 그러나 사람의 삶이 어찌 수학공식처럼 술술 풀리던가? 그래서 세상은 공부만이 전부가 아니라는 것이다. 또한 회사에서는 능동적, 창의적으로 일할 사람이 필요하지 부모님 말대로 고분고분 공부하여 시험문제풀이능력만 키워온 '샌님'은 환영받지 못한다. 그 사실은 면접장에서 다 드러난다. 성형하고 면접학원 다녀봐야 몇 마디 해보면 다 드러나고, 운이 좋아서 입사를 한다 해도 결국 적응하지 못하고 다시 부모 품으로 돌아올 수밖에 없다.

세상에 대해서 배워야 할 시기에 부모들이 만들어준 온실에서 공부만 했으니 결과는 불을 보듯 뻔하다.

아마도 이런 친구들에게 취직보다 어려운 것이 '연애'일 것이다. 이 복잡 미묘한 감정을 표현하는 방법과 풀어가는 과정이 글로 배우기엔 무리이기 때문이다. 그렇다고 부모에게 조언을 구한다는 것은 더 웃기지 않는가? 적어도 지금 이 책을 관심 있게 읽고 있는 부모님의 경우는 이미 그 과정을 밟았기에 공부보다는 연애가 쉽다고 할 것이다. 하지만 이런 친구에게는 연애가 공부보다 더 어렵다.

난 이런 친구의 문제에 대한 처방으로 오지랖 넓게도 일단 '연애'를 권한다. 그 두 조카 모두 공부를 열심히 한 경우인데도 K선생이 보기엔 결과가 썩 만족스럽지 못하다고 했다. 그래서 자신의 아이에겐 조카들과 다른 방법으로 공부시키고 싶다는 것이다.

공부를 하는 이유가 무엇인가? 자신의 꿈을 이루고 부모로부터 독립하여 가정을 꾸리면서 가정을 유지하기 위한 경제적 능력을 갖는 것, 바로 그 것이 아닌가?

성인이 되어서도 공부밖에 할 줄 모른다면 공부로 돈을 벌어 오라는 것이다. 나이 서른이 넘어서 돈도 못 벌고 주구장창 공부만 하려 든다면 그 사람은 다름 아닌 '백수'이다.

어쩌면 K선생의 아이는 부모가 아이에 대해 아는 그 이상으로 세상을 알고 현명하게 대처하는 능력을 길러 왔는지 모른다. 그것을 부모가 모르고 있는 것일 수 있다. 그런 아이에게 공부만을 강요한다는 것은 현명하지 않다.

부모로서 과감해질 필요가 있다. 아이에게 공부를 강요하지 않고 믿고 맡기는 것이 당장은 불안할 수도 있다. 하지만 마음의 여유를 갖고 지켜본다면 분명 아이는 더 크게 성장할 것이다. 내 아이가 스스로 내면의 세계를 성숙시켜 나가도록 기회를 주고 믿어주는 것, 그것이 내 아이를 백수가 아닌 자신의 몫을 당당히 해내는 건강한 사회인으로 바로 세우는 길임을 다시 한 번 강조하고 싶다.

집중적으로 집중력 저하 운동을 시킨다

내가 하는 말이 아니다. 교육평론가 김범씨의 말이다. 그의 주장에 의하면 아이들은 보통 '학원선행학습 ▶ 학교 본 수업 ▶ 학원복습수업 ▶ 시험 전 정리수업', 이렇게 4단계에 걸쳐 4번의 반복학습을 하고 있다고 한다. 그것을 알고 있는 아이는 절대 한 수업에 집중하지 않는다는 것이다. 엄밀히 따지자면 아이가 자발적으로 집중해 이해할 시간적 여유를 주지 않는다는 것이 맞다. 결과적으로 부모가 아이를 공부시킨다며 학원에 보내놓고 집중적으로 집중력저하운동을 하게 만든다는 것이다.

이쯤 되면 엄마에게는 면죄부일지 몰라도 아이에게는 가혹행위나 다름없다. 하긴 면죄부가 맞긴 하다. 아이에게 가혹행위를 저지르는 것을 면죄 받는 면죄부여서 탈 일 뿐이지만…. 표현이 너무 비약적일지는 모른다. 하지만 엄마들이 학원에서 모든 것을 해결해 줄 거라는 지나친 기대 때문에 벌어진 일은 분명하다.

보통, 아이들에게 학원이 어떤 곳이냐고 물으면 처음엔 사전적인 의미로 공부하는 곳이라고 대답한다. 그러나 속마음을 털어놓으라고 하면 친구들과 노는 곳이라고 말한다.

국제교육성취도 평가협회IEA가 발표한 '2011년도 수학·과학 성취도 추이 변화 국제 비교 연구TIMSS'의 평가 결과를 보자. 우리나라 초등학교 4학년은 50개국 가운데 수학 2위, 과학 1위, 중학교 2학년은 42개국 중에서 수학 1위, 과학 3위를 기록했다. 우리나라 초·중학생의 수

<초4 수학 · 과학 성취도>

수학			과학		
순위	국가	평균점수*	순위	국가	평균점수*
1	싱가포르	606	1	싱가포르	587
2	대한민국	605	2	대만	583
3	홍콩	602	3	대한민국	570
4	대만	591	4	일본	559
5	일본	585	5	핀란드	552
6	북아일랜드	582	6	슬로베니아	552
7	벨기에	549	7	러시아	544
8	핀란드	545	8	홍콩	536
9	영국	542	9	영국	535
10	러시아연방	542	10	미국	534
11	미국	541	11	헝가리	533
12	네덜란드	540	12	호주	532
13	덴마크	537	13	이스라엘	532
14	리투아니아	534	14	리투아니아	531
15	포르투칼	532	15	뉴질랜드	529

* 성취도 점수는 평균이 500점이고 표준편차가 100점인 척도 점수임

학과 과학 실력이 세계적으로 높은 수준임이 다시 한 번 확인됐다.

이 결과만 봐도 우리나라가 공부를 열심히 하는 것은 부인할 수 없는 사실이다.

<중3 수학·과학 성취도>

수학			과학		
순위	국가	평균점수*	순위	국가	평균점수*
1	대한민국	613	1	싱가포르	590
2	싱가포르	611	2	대만	564
3	대만	609	3	대한민국	560
4	홍콩	586	4	일본	558
5	일본	570	5	핀란드	552
6	러시아 연방	539	6	슬로베니아	543
7	이스라엘	516	7	러시아	542
8	핀란드	514	8	홍콩	535
9	미국	509	9	영국	533
10	영국	507	10	미국	525
11	헝가리	505	11	헝가리	522
12	호주	505	12	호주	519
13	슬로베니아	505	13	이스라엘	516
14	리투아니아	502	14	리투아니아	514
15	뉴질랜드	493	15	뉴질랜드	512

* 성취도 점수는 평균이 500점이고 표준편차가 100점인 척도 점수임

이것은 2009년 PISA, 2009 OECD 국가의 영역별 국제 비교 결과와도 비슷하다.

하지만 학습에 대한 자신감과 흥미도를 보면 초등학교 4학년의 경우, 수학 흥미도는 50개국 중 꼴찌, 과학 흥미도는 47위, 수학 자신감은 49위였다. 중학교 2학년의 경우도 비슷하다. 꼴찌에 가까운 이 결과는 무엇을 의미하는 것인가?

일부에서는 우리 아이들이 수학과 과학 성적이 높으면서도 자신감과 흥미도가 낮은 것에 대해, 대부분의 성취도 상위국 및 동양권

국가에서 나타나는 공통적인 현상으로 진단한다. 그러나 이러한 설명은 분명 한계가 있다. 성취도가 높은 동양권 국가인 싱가포르는 우리와 다르기 때문이다.

아이들은 공부의 재미라는 것을 모르는 채 공부를 한다. 이 같은 내용을 다룬 교육평론가 김범 씨의 강연을 듣다보니 참 재미있는 표현이 나온다. 우리나라 학생이 공부하는 이유는 하나란다.

혼·날·까·봐!

많은 사람에게 이 강연을 보여줬는데 항상 이 대목에서 박장대소한다. 김범 씨의 강연을 간단히 요약을 해보면 이렇다.

한국 학생들은 국제학력평가에서 보여주듯이 최 상위 학업성취도

<PISA 2009 OECD 국가의 영역별 국제 비교 결과>

읽기			수학			과학		
국가명	평균	OECD 국가순위	국가명	평균	OECD 국가순위	국가명	평균	OECD 국가순위
대한민국	539	1~2	대한민국	546	1~2	핀란드	554	1
핀란드	536	1~2	핀란드	541	1~3	일본	539	2~3
캐나다	524	3~4	스위스	534	2~4	대한민국	538	2~4
뉴질랜드	521	3~5	일본	529	3~6	뉴질랜드	532	3~6
일본	520	3~6	캐나다	527	4~6	캐나다	529	4~7
호주	515	5~7	네덜란드	526	3~7	에스토니아	528	4~8
네덜란드	508	5~13	뉴질랜드	519	6~8	호주	527	4~8
벨기에	506	7~10	벨기에	515	7~11	네덜란드	522	4~11
노르웨이	503	7~14	호주	514	7~11	독일	520	7~10
에스토니아	501	8~17	독일	513	8~12	스위스	517	8~12
스위스	501	8~17	에스토니아	512	8~11	영국	514	9~13
폴란드	500	8~17	아이슬란드	507	11~13	슬로베니아	512	10~13
아이슬란드	500	9~16	덴마크	503	12~16	폴란드	508	12~16

를 가지고 있다. 주당 50시간으로 세계에서 가장 오랜 시간 공부를 하는 것이다. 그런데 2등인 핀란드는 주당 30시간을 공부하면서 우리와 학력차가 크게 벌어지지 않는다.

30시간 공부하는 아이와 50시간을 공부하는 아이의 성적이 비슷하다니, 분명 문제가 있다.

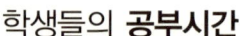

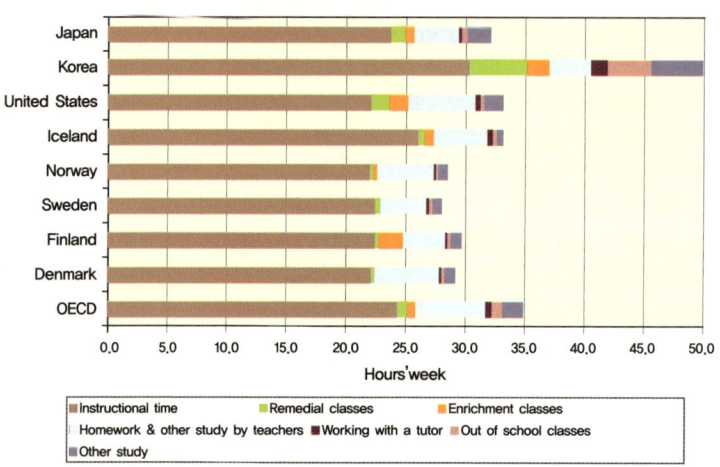

결론은 비효율적인 공부를 하고 있다는 것이다. 현재 청소년들은 공부에 관한 기술이 오히려 기성세대보다 떨어진다. 그 이유는 기성세대가 단어정리, 노트 정리 등을 스스로 했다면 청소년은 공부시간은 늘어난 반면, 남이 시키는 대로 공부를 한다는 점이다.

공부의 기술이 생기려면 초등학생은 아직 인간이 아니므로 어렵고, 미래의 합리적 예측능력이 어느 정도 되는 중학교시기가 중요한

데, 이 공부의 기술이 생기는 것을 방해하는 가장 심각한 방해물이 바로 종합 반 학원이다.

초등학교 때는 습관형성이 중요해서 학교공부의 복습. 독서습관을 길러야하는데 이것을 방해하는 것이 학원의 선행학습이다. 수업이 총3회 더 반복될 것을 아는 아이들은 수업에 집중을 하지 않는다.

첫 번째- 지금 학원선행학습.
두 번째- 학교수업.
세 번째- 학기 중 학원수업.
네 번째- 시험기간 전 총정리.

이렇게 4번의 수동적인 수업이 반복됨으로써 집중력이 떨어진다는 것이다. '난 알고 있다. 저 내용이 적어도 3번 반복된다.' 초등학생들은 집중력저하운동을 집중적으로 배우는 것이다.

공부의 기술형성시기인 중학교에 가서는 종합반 학원에서 공부하느라 공부의 기술을 습득할 기회를 놓치게 된다. 연구기관에서 연구하면 학원주도보다 자기 주도 학습이 더 효과적이라는 결과가 나온다. 그러나 학부모들은 그 결과를 믿지 않는다.

학원주도 학습은 이것이 필요할지를 남이 판단해서 들이미는 것이고, 자기주도 학습은 이것이 필요한지를 스스로 판단해서 하는 것이다. 당연히 학원에서 공부하는 1시간보다 자기 혼자 공부한 1시간의 자기 주도 학습이 더 효과적이며, 수능성적뿐만 아니라 대학 가서도 성적이 더 좋다. 그러나 현실적으로 우리 학생들은 학원주도 학습을 한다.

　동기문제도 심각하다. 수학학업성취도는 1등이지만 학업 흥미도가 49개국 중 38등. 과학 학력성취도는 4등이지만 학업 흥미도가 49개국 중 29등. 당시 참여국 중 꼴찌란다. 전 세계에서 가장 재미없는 공부를 전 세계에서 가장 오래 한다?

　그렇다면 공부하는 이유는?

"혼·날·까·봐."

　이것 말고는 설명할 수 없다는 것이다. 그래서 전 세계 학자들 사이에 유명하단다. 한국학생들은 혼날까 봐 공부한다고 말이다.

　우리나라 학생은 동기의 문제에서 가장 심각한 문제가 '무기력증'이다. 대부분　무기력증세는 초등 5, 6학년쯤 앓기 시작해서 중학교 때 중증에 빠진다. 이러면 소아정신과에 가볼 것을 권한다. 꼭 엄마랑 같이, 대부분 엄마가 주범이기 때문이다.

　노력의 방향도 잘못되어 있다. 진도 나가는 것에 급급해서 진도 나가는 것에만 길이 든다. 선행학습이 그 대표적이다.

진도=성취도인 줄 안다.

　전혀 다른데도 그렇게 착각한다. 중·고 6년간 기본영어 학습서를 거의 4권 정도 떼고도 왜 이 모양인가? 그 이유는 진도만 나갔을 뿐인데 공부한 것으로 착각했기 때문이다.

관찰하면 할수록 이렇게 가다가는 나라 망하겠구나 싶더란다. 단순히 공부의 문제가 아니다. 20대의 무기력증에 대한 표준적(?) 설명은 취업의 어려움 때문에 겪는 심리적 문제라고 하지만, 상당 부분 원인은 청소년기에 있다는 것이다.

남이 하라는 데로만 하는 공부, 즉 **전 세계에서 가장 재미없는 공부를 전 세계에서 제일 오래 한 결과**라는 것이다. '이젠 우리 사회와 학교, 가정이 답을 내놓아야 하는 시기'라는 것이 김범 씨의 진단이다.

우리 교육에 대해 많은 시사점을 던져주는 강연이다.

학부모라면 꼭 한 번 들어보기를 권한다. http://durl.me.ddyr

궁지에 몰린 쥐

고 1학생과 상담 중에 성적이야기를 하다가 보습학원을 끊게 된 계기가 무엇인지 물었더니 오빠 때문이라고 했다. 그 이유가 참 재미있다. 지금부터 이 학생의 오빠이야기를 들어보자.

당시 중 3이던 오빠의 고등학교 진학상담을 하러 엄마가 학교에 갔을 때 일이다. 선생님께서 꺼내 놓은 1, 2, 3학년 성적표를 보고 엄마는 '선생님 우리 아이 성적표가 아닌 거 같은데요.' 했더란다. 이유인즉슨, 그동안 아이가 가져온 성적표는 나름 상위권이었기 때문이다. 우리 아들이 열심히 하고 있다고 생각하던 터여서 하위권 성적이라는 선생님의 말씀과 그 증거인 성적표를 도저히 믿을 수 없었던 것이다.

선생님도 완강히 부인하는 엄마를 어찌할 수 없어서 그냥 돌아가시라고 하셨나 보다. 집에 온 엄마는 아들을 불러 앉혀놓고 성적표에 대해 물었다.

아들의 대답은….

성·적·표·위·조!!!

그래도 나름 유명하다는 학원에 비싼 수강료를 내주면서 1년간 행복했다. 학교성적표를 받아올 때마다 조금씩 성적이 올라갔으니 얼마나 뿌듯했겠는가?

그런데 실상은 가히 충격적이었다.

12개월간 낸 수강료 중에서 첫 달치만 학원으로 갔고, 나머지는 아들이 꿀꺽해서 다른 곳에 썼단다. 그리고는 성적이 떨어져 고민하다가 컴퓨터를 이용해서 학교성적표를 위조하기 시작했단다. 위조된 성적표지만 워낙에 정교해서 엄마는 매 번 속은 것이다.

사실을 알고 난 엄마는 얼마나 충격을 받았겠는가?

요즘 아이들은 부모가 모르는 많은 기능을 머릿속에 탑재하고 있다. 엄마는 스마트폰을 가지고 전화 걸고 문자 보내고 카톡하고, 고

작해야 그 정도로 사용하고 있을 때, 아이는 엄청난 기능을 가진 앱을 내려 받아 화려하게 생활에 적용하고 있다. 그러니 컴퓨터는 오죽하겠는가?

위조지폐는 만들어 유통하면 경찰서에 잡혀간다는 것을 알기에 무서워서 못 할 뿐이지 만들려고만 하면 부모를 속이는 위조지폐쯤은 쉽게 만들어 낼 정도의 실력을 갖추고 있다. 그러니 위조성적표쯤이야 식은 죽 먹기 일 뿐이다. 참 자식까지도 못 믿을 세상이라니, 그러나 너무 실망하지는 말자. 아이들이 다 그런 것은 아니다.

나이스라는 대국민서비스가 있다. 여기에 들어가면 내 아이 성적표를 확인할 수 있다. 아마도 성적표를 잘 내놓지 않는 아이들과 이런 위조성적표를 내놓는 아이들 때문에 생긴 것이 아닐까? 필자는 약간 삐뚤어진 추측을 해본다.

성적표도 성적표지만, 학원만 보내면 모든 게 해결된다는 생각으로 매달 면죄부를 받는 엄마의 최후가 아니겠느냐는 생각이 들어 씁쓸했다.

사실 아이를 키우면서 성적표 위조쯤이야 귀엽게 봐줄 수 있는 성장과정의 에피소드다. 특히 남학생은 더더욱 그렇다. 결국, 이 오빠가 어떻게 됐는지 궁금하지 않은가?

대학에서 사진전공을 하며 지금은 열심히 공부 중이란다. 다행히 해피엔딩스토리다. 어차피 공부가 안될 거라는 생각에 부모님은 '네가 하고 싶은 것이 무엇이냐?' 했더니 사진을 공부하고 싶다고 했단다. 위조성적표 사건으로 부모를 크게 실망하게 했지만 그 오빠에겐 전화위복이 됐다고 할 수 있다. 그 정도 사건이 터져야 부모는 아이의 의견을 귀담아들어 주기 시작한다.

원인은 마라톤을 100M 달리기라고 착각하는 엄마에게 있다.

잠깐 쉬어가 보자!
이번엔 대학에 들어간 우리 딸 이야기다. 먹고 살기 힘든 시절에 낳은 아이라, 학교생활에도 신경을 쓰지 못한 상태에서 가져오는 4학년 초등학교성적표는 그럭저럭 만족했다. '70~85점 정도면 충분하지 뭐.' 했던 나에게 지인이 그런다.
"학교 가서 담임선생님 한번 만나 봐. 그거 안 좋은 점수야."
혹시나 해서 선생님과 상담을 해보니 정말 하위권도 아주 하위권이었다. 다른 애들은 평균이 90점 정도란다. 그랬던 우리 아이가 원하는 대학에 당당히 합격할 수 있었던 이유는 뭘까? 그 이유가 바로 내가 엄마들에게 해주고 싶은 말이다.
"천천히 달려도 됩니다."
수능을 치른 날 저녁이었다. 채점을 마친 딸은 한참 동안 말이 없더니 "엄마, 엄마 나 100점 맞았어. 근현대사 100점 맞았어." 한동안 이리저리 뛰고 난리였다. 다른 점수는 말하지 않아도 평소만큼 나왔으니 쟤가 저러겠지 하는 마음에 일단 안심했다. 그러자 우리 딸 자기 방으로 들어가서는 무언가를 가지고 나온다. 무언가 빼곡하게 적힌 두 장의 종이인 거 같은데, 자세히 보니 연표였다.

딸의 말인즉, 한국 근현대사 연표를 2번이나 빼곡하게 적어 만들었다고 한다. 다른 애들이 문제집만 풀 때, 먼저 기본적인 구조를 이해하지 않으면 안 되겠다는 생각이 들어 문제집을 접고 연표부터 만들고 나서 문제집을 풀었단다. 그게 이번 근현대사 만점의 원인인 거 같다며 딸은 스스로 대견스럽다고 했다.

그렇다. 우리 딸은 내가 살갑게 예뻐한 적이 별로 없다. 초등학교 3학년 때 늦둥이 동생이 태어나면서 성인처럼 대하다 보니 애가 좀 일찍 익어버린 것도 사실이다. 그래서 학교 성적에도 신경을 안 썼더니 초등학교 4학년 성적이 하위권이었던 것이다. 그랬던 애가 본인이 가고 싶던 홍익대학교에 갈 수 있었던 원인은 뭘까?

딸아이의 공부방법이 나에게 아주 중요한 힌트를 주었다.

① 자·기·주·도·학·습

딸아이의 초 4학년 성적이 하위권이라는 것을 알고 나서 과외를 시켰다. 그러나 성적 향상은 그다지 보이지 않았다. 그나마 다행인 것은 그래도 평균 70점 밑으로 내려가지는 않았다는 것이다. 여전히 공부를 못하는 사실에는 변함이 없었다.

중학교에 가서는 더 했다. '중하위권의 성적.' 그래, 그림이나 하자. 어쩌나, 피가 그런걸. 그리고 고등학생이 되었다.

고1, 1학기 중간 기말고사 성적표를 받아든 나는 그래도 참 다행이다 싶었다. 외국어고등학교를 보내지 않았다는 것이…, 아마 자위였을 것이다. 주요 교과의 등급이 6등급까지 내려가 있었다. 심지어 수학은 8, 과학은 9등급이었다.

"하긴 외고를 보내도 9등급이었겠네! 아 신이시여 어찌하여 이런 아이를…." 한 숨이 절로 나왔다.

아이의 성적으로는 도저히 답이 나오지 않는 게 현재의 입시라는 것을 누구보다 잘 알고 있는 나에게 이런 성적표는 거의 사형선고나 다름없었다. 그러나 충격은 나보다 우리 아이가 더 받았던 거 같다. 짧고 굵게 이런 말을 했다.

"엄마 나 과외 안 하면 안 돼?"

"왜, 인생 포기하고 싶으냐? 잉~!"

"아니, 그게 아니고 그냥 나 혼자서 하는 게 더 나을 거 같아. 한 학기만 해볼게. 그리고 뭐 더 떨어지겠어? 그리고 엄마학원 다니는 언니들보니까 이점수로도 학교 잘 가드만."

"이런~."

말이나 못하면 밉지는 않지. 기어이 한번 쥐어박고 말았다.

" 휴~. 하긴 더 떨어질 곳도 없다."

과외를 끊고 인터넷강의로 공부한다니 절약도 할 참에 허락했다. 그리고는 2학기 성적표를 받아왔다. 1학기 성적과 별반 차이가 없었다. 심지어 어떤 과목은 더 떨어졌다.

극적인 반전은 2학년 때였다. 딸아이의 성적이 서서히 오르는 것이었다. 자신이 필요한 국어, 영어, 사회 과목에서 1등급~3등급을 받아 온 것이다.

그리고 수능에서도 언어를 제외한 나머지 과목 모두 2등급 이내로 받아 왔다.

② 중요한 과목에 매달렸다.

우리 딸은 학교에서 사실 밉상이었다. 심지어 난 학교 수학 선생님과 맞짱(?)을 뜬 적도 있었다. 미대를 가기 위해서 국어, 영어, 사회 점수는 중요하지만 사실 수학, 과학은 필요가 없기 때문이다. 이것은 문과를 지원하는 학생도 마찬가지다.

③ 일찍 그림을 시작하지 않았다.

중학교 때는 주2일 2시간씩 취미생활로 그림을 그리게 했고, 그림은 고1부터 본격적으로 배우기 시작했다.

④ 넘지 못한 산, 언어(국어)

내신에서는 2등급을 받아온 언어지만 수능에서는 1점이 부족하여 결국 6등급을 받아오는 불상사를 만들어버렸다. 수능 난이도 조절도 한몫해서 만점짜리가 너무 많이 나온 것도 원인이었지만 우리 아이에게 언어는 정말 넘지 못한 산이었다. 이것은 나의 잘못도 크다.

독서가 중요하다는 것을 알면서 강요만 했지 쉽게 접근하는 방법을 알려주지 못한 탓이다. 해결법은 이 책 속에 담겨있다. 좀 더 이 책을 읽다 보면 답이 나올 것이다. 끝까지 읽어보라.

참 바보 같다는 생각도 든다. 서울대를 보낸 것도 아닌데 마치 엄청나게 아이 교육에 성공한 엄마처럼 글을 쓰고 있다는 것에 웃음도 나온다. 그러나 내가 지금 이 이야기를 들려주고자 하는 대상은 천재, 영재가 아닌 나 같은 보통 아이의 엄마들이기 때문에 나름 자부심을 느껴본다. 내가 아니면 누가 이런 말을 뻔뻔하게 할 수 있단 말인가!

 딸아이가 대학에 들어가서 돌아보니 공부는 단거리 달리기가 아니었다. 장장 12년의 세월 동안 달려야 하는 장거리 달리기였던 것이다. 아니 천천히 걷는 산책이라는 표현이 더 나을지도 모르겠다. 성장 과정에서 본 시험 중 대학에 들어갈 때 유효했던 시험은 단 6번이었다. 즉 고 1부터 고3 때까지 중간, 기말고사뿐이었던 것이다.
 초등학교 12번, 중학교 6번은 그냥 지나가는 과정이었을 뿐, 아이가 대학을 가는데 아무런 도움이나 해가 되지 못했다. 그런데 왜 아이를 그토록 닦달했는지 모르겠다.
 초등학교 12번, 중학교 6번을 잘 봐야 고등학교 6번을 잘 보는 거 아니냐고 따진다면야 어쩔 수 없지만, 앞에 잘 보는 것보다 힘을 저축해서 고등학교에서 더 잘 볼 수 있게 만드는 것, 그것이 더 현명한 방법이 아닐까 싶다.
 아이도 사람인지라, 아니 사람으로 만들어지는 과정이기에 성장에 필요한 것들을 경험해야 하는데 그것이 꼭 공부만은 아니다. 그런데 공부를 못하면 다른 것도 못한다는 막연한 불안감과 지금 달려야 나중에 편하다는 잘못된 생각으로 아이를 마구 달리게 한다. 그러다 보면 정작 경험해야 할 것들을 놓치고 가게 되는 것이다.

아이의 공부는 절대 단거리 달리기가 아니다. 시간은 훅 지나간다고 하던가. 그만큼 빨라서 공부도 빨리 준비해야 한다고 착각해서 잘못된 방법으로 허우적거리다 보면 시간은 더욱 빨리 지나간다. 하지만 천천히 음미하고 즐기면서 관망하듯이 하면 대학까지의 12년은 참 긴 시간이라는 것을 알 수 있다. 그리고 얼마나 굴곡이 많은지도 말이다. 그런데 아이에게 단거리를 강요하다 보면 역효과가 난다.

아이들은 얻어지지 못하는 성적으로 실망하고 그 얻어지지 못한 성적에 시간을 할애하게 된다. 그 결과, 정작 얻어야 할 상식이나 경험들이 많이 부족하게 된다. 즉 세상의 이치를 배우지 못한 채, 16절지 안의 시험지 속 세상에 갇히게 되는 것이다. 그리고 따라오지 못하면 부모는 아이에 대한 기대를 포기하게 되는 것이다.

첫째인 딸아이의 경험 덕분에 둘째 아이에게는 자유를 주었다. 그리고 지금 그 아이가 행복해 하는 모습에 오히려 내가 행복하다.

chapter
04
억지로 죄를 만드는 부모

칭찬이 독이 된다?
'실패'가 가져다주는 선물. '끈기' 그리고 '대안'
인정하자! 아이들은 엄마의 붕어빵이다.
공부 방법은 연어처럼 회귀한다?
그럼 적당한 공부시간은 어느 정도일까?
아이의 가능성을 망치는 엄마의 잘못.
당신들이나 그렇게 하세요. 강남 엄마. 대치동 엄마. 압구정동 엄마.
아이들도 수강료가 아깝다는 생각을 할 거라는 착각을 버려라.

chapter 04

억지로 죄를 만드는 부모

칭찬이 독이 된다?

'칭찬은 고래도 춤을 추게 한다.'

우리가 알고 있는 정설이다. 그러나 EBS에서 했던 실험의 결과는 우리를 당황하게 하였다. 그동안 우리가 알고 있던 사실과 너무나 달랐기 때문이다.

아이에게 단어가 적힌 카드를 주고 외우게 한 뒤, 화이트보드에 기억나는 대로 적으라고 했다. 그리고 선생님은 아이가 적는 내내 '잘한다. 똑똑하다.'라는 칭찬을 반복했다. 그리고는 선생님께서 전화통화로 잠시 자리를 비운다. 단어가 적힌 카드는 아이 곁에 놓아둔 채였다.

그런데 아이는 커닝을 했다. 선생님의 칭찬에 부합하는 아이가 되려면 더 잘해야 한다는 부담을 가졌기 때문이다. 어른도 마찬가지였다. 같은 실험에서 아이의 경우처럼 커닝을 한 것이다. 여기에서 실험이 끝난 게 아니다.

다음 실험은 '그냥 문제를 풀게 한 집단'과 '칭찬을 들으면서 문제를 푼 집단'을 비교했다.

첫 번째와 '비슷한 수준'의 문제, 그리고 '조금 어려운 문제' 중 선택하라고 했더니 칭찬을 듣던 집단은 '비슷한 수준의 문제'를 선택했다. 그리고 나중에 가서도 '문제의 답'과 '다른 학생의 성적'을 선택하는 것에서도 '다른 학생의 성적'을 선택했다. 그냥 문제를 푼 집단은 같은 실험에서 '조금 어려운 문제'와 '문제의 답'을 선택한 것과 달랐다.

워싱턴대학교 신경정신과 로버트 클로닌저 박사의 말이다.

'지속적인 칭찬은 항상 성공할 것이라는 자만심을 키워주고 포기하게 한다. 아이들에게 어떤 부분이 잘못됐고 그것에 대한 의견과 존중, 그리고 미래에 더 잘할 수 있는 방향을 제시해 주는 것이 좋다. 그렇지 않으면 아이들은 자신이 일을 잘 했을 때나 잘못했을 때에도 항상 칭찬받기만을 기대한다.'

'머리가 좋다'는 칭찬은 독이다. 객관적인 문제 해결방법을 구체적으로 칭찬하라.

> 1960년대 이후 신문, TV 보도를 통해 알려진 과학 신동 총64명의 성장 경로를 추적조사, 7명을 제외한 나머지는 현재 모습이 어릴 적 받은 국

민적 기대에 못 미친다며 면담거절. *2006년 한국과학영재정보 지원센터

1980년대 전후 태어난 영재 81명을 추적한 결과 50% 이상은 평범하고 상식적인 기대 수준에 못 미쳤으며 12.4%는 고교 졸업 후 취업 및 대입 재수생. *2006년 한국 교육개발원 보고서

한 아이가 매번 올백을 맞았는데 초 3학년 2학기에 드디어 한 개를 틀리고 말았단다. 같은 반 친구들은 이 완벽한 점수를 유지해온 아이의 반응이 궁금했나 보다. 어쩌면 울고불고하는 것을 기대하는 마음도 없지 않았을 터였다.
"어떡해?"
그런데 이 아이의 반응이 더 재밌다.
"응 하나 실수했어."
환하게 웃으면서 실수를 인정하는 그 아이의 표정에서 그동안 올백을 맞고 싶어 몸부림치던 아이들과 엄마들의 기분은 어땠을까? 이렇게까지 쿨 하다니. 나는 이 이야기를 전해 듣고 어쩜 그 아이는 괴물일지도 모른다는 생각이 들었다.
실수로 하나 틀린 것은 가볍게 인정하고 다음에는 더 잘해봐야겠다는 자신과의 다짐. 그다음에도 올백을 맞았다는 이야기는 듣지 못했다. 더 이상의 무패행진신화는 없을 테니까. 대신 그 아이는 큰 짐을 벗어버린 것 같은 홀가분한 마음이 들지 않았을까 싶다.

시험 볼 때 실수는 누구나 한 번쯤 한다. 그 정도쯤이야 하고 가볍게 넘길 수 있는 여유 있는 아이를 둔 부모가 부럽다. 위의 이야기는 실수에 대한 것이다. 우리가 싫어하는 단어 중 하나가 '실패'이다.

우린 어쩌면 칭찬으로 처음부터 꼭대기에 올려놓고 떨어지지 말라고 하는 것인지도 모른다. 엄마들은 초등학교 들어가기 전에 아이에게 "어머 우리 00이 천재구나. 정말 잘하네."를 연발한다. 이것은 아이를 자신의 기대치만큼 높이 올려놓고 떨어지지 말라고 강요하는 것에 불과하다.

아이는 정말 자신이 똑똑하다고 생각하고 이런 엄마의 기대에 부응하기 위해 천재처럼 보이려고 노력한다. 그러나 부모의 기대치에 맞추는 게 어디 쉬운가?

그중에 몇몇은 천재성을 발휘할 수도 있겠지만, 대부분의 보통 아이들은 자신이 천재가 아닌 것이 드러나는 게 싫어서 포기해버린다. 그래서 이런저런 핑계를 대는데, 아이에 대한 믿음이 너무 큰 엄마는 그것을 그대로 믿고 세상이 우리 아이를 인정해 주지 않는다며 세상을 원망한다. 그러나 학교는 객관적 판단 기준을 갖고 모든 아이를 대하는 곳이다. 그런 것이 통용 될 리가 없다.

그곳에서 아이들은 하나둘 좌절하기 시작한다. 자존감마저 무너지고 결국 공부를 포기해 버리는 상황이 되는 것이다. 칭찬을 남발(?)하던 엄마마저 돌변해서 공격하는 상황이 되면 아이는 더는 어찌지 못하는 현실 앞에서 좌절하게 된다.

아이가 이러한 현실을 인정하게 하는 것이 가장 먼저 끼워야 할 첫 번째 단추다. 그리고 지켜봐 주는 것이며. 그다음에 정말 필요한 칭찬은 바로 아이들이 좌절하고 있을 때 치켜 올려주는 것이다. 그리고 방법을 찾아주자. 늦었다고 포기하지 말자. 지금이라도 아이에게 아래에 있는 현실을 인정하고 이해시키자. 하나씩 계단을 올라가듯 도와주자. 그것이 현명한 부모의 자세이다.

'실패'가 가져다주는 선물, '끈기' 그리고 '대안'

'실패'를 인정하고 '좌절'을 배워야만 생기는 것. 그것이 바로 '끈기'다. 그리고 이 끈기로 새롭게 시작하면 대안이 생긴다.

아이들에게 사실 실패는 존재하지 않는다. 그런데 엄마들은 아이의 실수를 마치 실패로 치부하는 경향이 있다. 그래서 아이들을 닦달한다. 그럼 실수는 정말 실패가 되는 것이다. 그리고 아이들은 '실수는 실패다'라는 생각을 하게 된다. 그때부터 아이는 일찍 공부를 포기해버리는 것이다.

한두 문제의 실수, 만일 서울대를 가려고 한다면 그 실수가 서울대에 들어가는데 실패 요인이 될 수 있다. 그러나 지금 이 글을 읽고 있는 엄마들의 아이는 그런 실패를 거론할 사항은 아니라고 본다. 기껏해야 아이들이 현재 초등학생이나 중학생이기 때문이다.

상위권 아이들과 이야기를 하다 보면 공통적인 것이 있다. 초등학교 때 성적은 그다지 좋지 않았다는 것이다. 그런데 중학교에 와서 성적이 오르면서 고등학교에 와서 현재 성적으로 올라서게 되었다고 한다. 반대로 성적이 하위권인 아이들은 초등학교 성적이 상위권이었다.

그럼 이 상위권 아이들의 공부 방법을 들여다보자. 참고로 여기서 상위권은 모두 1등급이 아닌 2~3등급 아이들이다. 이것을 중위권이라 우기는 사람은 이 책을 잘못 선택했다.

초등학교 시절 공부보다는 친구들과 노는 것을 좋아했다. 중학교 성적표를 받아들고 나서 친구들에게 지기 싫어서 공부하기로 마음 먹었다. 초등학교만큼 엄마의 도움을 받지 못했지만, 성적은 공부하는 데로 쑥쑥 올랐다. 처음엔 공부 방법을 몰라서 헤맸지만, 차츰 방법이 생겼다. 일단 수업시간에 집중한다. 예습복습은 하지 않았다. 그리고 시험기간이 닥치면 시험공부를 시작하는데 그 동안 수업시간에 필기해 놓은 것을 복습하고 문제집을 푸는 수준이었다. 이러한 공부패턴은 고등학교까지 지속하였다. 고등학교에 올라가서는 야간자습 등으로 문제 푸는 시간이 늘어나다 보니 중학교 때보다 공부를 열심히 한 것은 맞다. 그러나 죽도록 공부한 기억은 없다.

반면 초등학교 때 상위권인 아이들은 반대의 길을 갔다. 초등학교 때 거의 올백이었다. 그러나 중학교에 가서는 성적이 생각만큼 나오지 않았다. 그래서 전교등수가 반교등수 된다는 말이 나온다. 그리고 고등학교에서도 이 법칙은 그대로 적용된다. 그래서 하위권으로 밀려난다. 그런 아이들의 엄마는 다들 '왜 이리 공부시키는 것이 어려우냐?'고 한다. 그에 반해 상위권 아이의 엄마는 그런다.

"애가 알아서 했어요."

그냥 하는 말이 아니다. 사실이다. 애가 알아서 하는 것 그게 공부이다. 엄마가 아무리 방법을 찾아내도 아이의 성적은 엄마 지식수준에서 끝 날수밖에 없다. 그래서 엄마의 능력은 초등학교에서 끝난다고 한다. 그리고 중학교 때부터는 학원의 능력이라고 믿는다.

그러나 아이는 이미 학원에 들어서는 순간, 그동안 자신에게 쏟아지던 온갖 칭찬과 사랑은 간데없고 차가운 현실 즉, 내가 못 알아들어도 진도는 나간다는 것을 알게 된다. 그리고 진도가 나갔다는 사실만으로 성취했다는 착각을 하게 된다. 아니 착각이라도 그렇게 생각해야 행복하기에 스스로 최면을 거는 것이다. 시간이 지나고 결국 떨어지는 성적과 자존감 상실, 이런 상황이 6년간 반복되어야 아니, 더 많이 반복되어도 모르는 사람은 모르는 채 공부가 참 어렵다고만 한다.

유대인은 물고기를 주지 않고 물고기 잡는 법을 알려준다. 그들의 교육방법을 깊이 생각해 볼 일이다. 물고기를 잡는 방법이나 독수리가 새끼를 벼랑에서 떨어뜨리는 이유는 같다.

'교육,' 생존에서 살아남기 위한 교육방식이다. 결국, 내 자식을 살아남게 하는 방법을 가르쳐 줄 수 있는 사람은 누구일까? 부모 외엔 없다.

인정하자! 아이들은 엄마의 붕어빵이다.

붕어빵틀에서 찍어냈으면 당연히 붕어빵이다. 난 황금 잉어 빵이 붕어빵과 뭐가 다른지 모르겠다. 누군가 재료가 다르다는데 그래 봐야 지가 붕어빵일 뿐이다. 상담하거나 애들을 가르치면서, 한편으로 짠하게 느끼는 것이 '어쩜 저렇게 엄마와 아이는 같을까?' 라는 생각이었다. 엄마들은 항상 자신의 아이가 영재이며 천재라고 생각한다. 사실 그러기를 바라면서 고런 부분만 보고 인정하기 때문이다.

내가 학교 다닐 때 '공부를 열심히 안 해서 그렇지 했으면 잘했을 거다'라는 착각 속에 자신의 머리는 좋다고 믿기 때문이다. 어쩜 나를 닮아서 똑똑해! 흐~뭇! 그리고는 공부를 못하면 이렇게 이야기한다. "애는 똑똑한데 공부를 안 해서….."

그렇다. 공부 안 하는 것도 공부 못하는 원인 중의 하나다. 그거 아는가? 공부 잘하는 아이의 부모는 공부도 열심히 했다는 것을 말이다.

엄마들은 자신이 공부를 열심히 안 해서 못했던 거지 다시 그 시대로 돌아가서 공부한다면 잘할 거로 생각한다. 우리 아이는 나 같은 실수를 하지 않도록 열심히 하게 만들면 된다고 해결책을 세워 놓고는 아이를 닦달한다. 그러나 다시 한 번 그 시절로 돌아가 선생님의 설명을 다 이해하고 지금처럼 어른의 마인드로 공부에 열중할 수 있겠는가?

아마 다시 돌아가도 선생님의 설명을 다 이해할 수 없다는 게 필자의 생각이다. 그건 엄마의 착각이다. 또한, 공부에 열중해야 이해하는 것도 붕어빵 찍어내듯이 유전자로 고스란히 아이에게 전달되었다는 것이다. 이러한 것을 모르는 엄마는 아이에게 참 많은 기대와 참 많은 강요를 한다. 특히 아이가 엄마를 세상의 모든 것으로 여기며 무조건 따르는 어린 나이에 유난히 더 심하다.

영재이기를 강요하다가 아이가 삐뚤어지는 것이 좋은가? 아니면 정신이 건강하고 항상 나를 이해해 줄 수 있는 따듯한 중하위권 아이가 좋은가? 과연 어떤 선택이 나와 아이를 모두 행복하게 할까? 스스로 진지하게 질문을 던져보자.

공부 방법은 연어처럼 회귀한다?

혹시 내가 어렸을 적 나의 엄마로부터 받은 교육방식을 우리 아이에게도 똑같이 하고 있는 것은 아닌지 돌아보자. 특히 아이를 학원, 과외 등 사교육에 맡기는 교육을 하는 엄마라면 한 번 더 돌아보라고 권유한다.

실제 내 주위 사람들에게 이런 질문을 던지면 대부분이 자신도 그런 것 같다고 인정을 한다. 하지만 그것을 어떻게 고쳐 나가야 할지 모르겠다고 한다. 그래서 자꾸 학원만, 그리고 좋은 과외 선생님만 찾는다고 한다. 반면 아이 교육에 의연한 친구들은 어땠을까? 그들은 어렸을 적에 부모님께서 그다지 공부하라는 말을 하지 않았다는 것이다. 근데 의외로 성적이 중간이상이었단다.

EBS에서 실험을 했다. 불안감을 조성해 학원에 등록하게 하는 것에 대해 본인들이 직접 그 문제점을 지적하고도 결국 엄마들은 학원이라는 것을 다시 선택한다. 엄마들은 두려운 거다. 아무리 그래도 학원에 다녀야 뒤처지지 않는다는 생각 때문 일거다.

난 이렇게 얘기해 주고 싶다. 학원이나 과외를 끊고자 한다면 용기가 필요하다. 우리 아이가 자신의 문제를 스스로 풀어갈 수 있는 아이, 스스로 지식을 쌓아가는 그런 아이로 만들고 싶은가? 그렇다면 한 번쯤 용기를 내보자.

아직 아이가 살아가야 할 시간은 평균수명만 놓고 봐도 80년이나 더 남았다. 지금 버려지는 1, 2년의 세월이 절대 아깝지 않을 만큼 넉넉하다. 지금 당장 급한 마음에 또다시 아이를 나 같은 사람으로 만들어버리면 어떻게 될까? 어쩌면 나보다 더 심하게 학원, 과외에 의존하게 될지도 모르다.

내 아이, 더 나아가 내 손자까지 망쳐 놓을 수 있다. 용기를 내보자. 내 아이가 자신의 문제를 스스로 진단하고 처방할 수 있는 독립적인 인간이 되려면 시간이 필요하다. 내 아이가 자립할 수 있도록 기회를 주자. 아이를 믿고 용기를 내보자. 옆집 엄마가 나를 약 올릴 수 있다. 하지만 참자. 결국, 그 엄마는 나보다 어리석은 행동을 반복하고 있다고 비웃어 주면 될 거 아닌가?

27세에 최연소로 하버드대 교수로 임용되고 토론식 강의로 유명한 '마이크 센델' 교수는 한국 학생들과의 인터뷰에서 방과 후 공부는 몇 시간이나 하느냐고 물었다고 한다. "난 학창 시절 방과 후에 미식축구·농구·야구 등을 한 뒤 약 4시간을 공부했다. 공부와 여가시간의 균형을 잘 맞추라"고 조언했다는데 우리나라 학생들의 잘못된 공부 방법 즉 '시간만 많이 투자하면 된다.'는 생각의 오류를 지적한 것은 아닐까?

한국에 '정의' 열풍 일으킨 마이클 샌델 하버드대 교수
중앙일보와 마이클 샌델 교수 인터뷰 내용

마이클 샌델 교수는 지난 15일 미국 보스턴 하버드대 교수회관에서 토론식 교육의 필요성을 강조했다.

(중략)

: 교수님의 자녀교육 방식은 어떤가. "두 아들이 5~7세쯤부터 온 가족이 저녁 식사 테이블에 둘러앉아 대화를 나눴다. 두 아들이 선생님과 친구들 사이에서 겪은 일들을 이야기하면서 그 상황에선 어떤 것이 공정하고 정의인지, 딜레마는 무엇인지 토론했다. 처음부터 정치·사회적 쟁점에 관해 토론하는 건 쉽지 않다. 따라서 우선 일상생활에서 함께 생각하고 토론할 주제를 찾아볼 수 있다. 우리 가족은 동화책 속에서도 토론거리를 찾았다. 예를 들어 이야기의 주인공이 옳은 행동을 했는지, 그렇지 않은지 같은 것들이다. 아이들이 성장하면서 자연스럽게 신문과 잡지, 방송 뉴스를 보고 정치·세계 이슈에 관해 토론하게 됐다."(중략)

: 교수님의 어린 시절도 궁금하다. "난 7세 때부터 신문을 읽었다. 처음에는 내가 좋아하는 야구에 관한 기사를 보기 위해 신문의 스포츠면을 봤다. 그리고 점차 야구에 관한 점수, 통계에 관한 기사와 내가 좋아하는 팀에 관한 기사를 보기 위해 신문을 매일 읽게 됐다. 이는 사회·정치기사를 읽는 것으로 확장됐고, 난 정치와 세계에 관한 관심이 생겼다. 부모님은 내가 보는 앞에서 신문을 보시거나 신문의 유익함을 말씀하시는 등 신문 읽기를 장려하셨다. 하지만 강요는 하지 않으셨다. 이 때문에 난 스스로 흥미를 갖고 신문을 볼 수 있었다."(중략)

: 청소년기에 돈으로도 살 수 없을 만큼 중요한 가치는 무엇인가 (권균).

"사랑 · 우정 · 가족 · 배움 · 가르침이다. 청소년기에 이 다섯 가지를 가슴에 품기를 강조하고 싶다."

인터뷰가 끝나고 샌델 교수는 두 학생에게 "방과 후 하루에 몇 시간 공부하느냐?"고 물은 뒤 "난 학창 시절 방과 후 미식축구 · 농구 · 야구 등을 한 뒤 약 4시간을 공부했다. 공부와 여가시간의 균형을 잘 맞추라"고 조언했다.

그럼 적당한 공부시간은 어느 정도일까?

어른들도 한 가지 일에 집중할 수 있는 시간이 겨우 5분 7초라고 한다. 영국 로이드 TSB보험사가 사회학자인 데이비드 목슨 교수팀과 함께 성인 1,000명을 대상으로 설문조사를 실시한 결과, 현대인의 주의 지속 시간은 5분 7초로 측정됐다. 그러니 어린아이들이 공부한다고 해봐야 얼마나 집중해서 할 수 있겠는가?

한국청소년정책연구원의 조사로는 초등학생이 하루에 평균 208.1분 즉 3시간 30분 정도를 공부한다는 것이다. 학교공부시간을 제외하고도 여가시간에 이만큼을 또 공부한다는 것이다. 한편 운동 시간은 69.9분으로 공부 시간의 3분의 1 수준이다. 반대가 되어야 하는 거 아닌가 싶었는데 아니나 다를까 자칫 이것이 심해지면 두뇌가 불균형적으로 성장해서, 초기에는 학습부진과 주의산만으로 나타날 수

있고 심해질 경우, ADHD^{주의력결핍 과잉행동장애}, 틱장애^{tic disorder}, 투렛증후군^{tourette syndrome} 등의 스펙트럼 장애^{Autism Spectrum Disorder}가 될 수 있다니 이건 단순히 성적문제만은 아니다.

조사를 따르면 우리나라 학생들이 학교공부를 제외하고 따로 공부하는 시간은 주당 50시간, 일요일까지 공부한다면 하루 평균 7시간을 공부하는 것이다. 세계최고의 학력을 자랑하는 핀란드가 주당 30시간, 즉 하루 평균 4시간 정도다.

사실 공부는 시간을 많이 투자하느냐보다 얼마나 집중하느냐가 중요하다. 7시간을 건성으로 공부하는 것 보다 4시간을 집중하는 게 더 효과적일 수 있다.

공부하는 시간과 노는 시간을 잘 구분하고, 집중할 때 집중할 수 있는 훈련이 필요하다. 그리고 중요한 것, 부모가 아이에게 집중훈련을 시킨다고 강요해서는 안 된다. 아이 스스로 방법을 찾아가도록 동기부여와 방향만 제시한다. 그리고 아이를 믿어주자.

아이가 그날 하루의 공부가 부족하다고 느껴서 스스로 공부시간을 늘리려 한다면 어떨까? 꿈같은 소리라고 생각할지 모른다. 그러나 시도는 해보자. 적어도 아이가 스스로 자신의 문제를 진단할 수 있다면 얼마나 큰 수확인가?

적당한 공부시간의 기준은 평균의 범위 안에서 정할 수도 있겠지만 스스로 적당한 시간을 분배하고 사용하는 습관을 들이는 것이 무엇보다 중요하다고 생각한다.

아이의 가능성을 망치는 엄마의 잘못

왜 우리 아이는 공부를 못하는 걸까? 한솔교육문화연구원이 18개월 된 유아 400명과 엄마들을 대상으로 5년간 방대한 조사를 시행한 결과가 매우 흥미 롭다. 아이의 가능성을 망치는 엄마는 일단 아이의 질문을 부담스러워 하고, 놀아달라는 아이의 요구에 '지금 바쁘니까 나중에 해줄게~.'로 대신했다는 것. 천사표 엄마를 자처하면서도 놀이와 공부에는 절대로 선택권을 주지 않았다는 것이다. 반면에 특별한 아이를 키워낸 30명의 부모는 서두르지 않고 선택권을 아이에게 주었다. 즉 다시 말하면 아이가 책을 물고 빨면 책에 과한 관심을 유도했고, 글자를 물어보면 한글을 가르쳐주기 시작했다는 것이다.

아이가 보내는 신호와 아이의 행동에 대해 '제때에, 적절한 방법으로' 반응을 해준 것 이다. 내 생각에는 아이가 공부를 못하는 것은 엄마의 탓이다. 아이가 공부를 못하는 것은 공부하는 시간이 부족해서가 절대 아니라는 것이다. 엄마는 코치처럼 아이가 필요할 때 이것을 던져주는 역할만 해야 한다. 그러나 대부분 부모는 공부는 책상 앞에서 아이가 하는 것으로 생각하기 때문에 공부를 강요한다는 것이다.

공부는 책상 앞에서 하는 것이기도 하지만 살아가면서 배우는 것이기도 하다. 그것을 가르쳐 줘야 하는 시기를 정확하게 짚어서 가는 엄마의 대범함도 필요 하다.

우리 아들이 초등학교 1학년 때 일이다. 어느 날 아침부터 찡찡거리기 시작했다. 학교에 가기 싫다는 것이다. 그래서 안 보냈다. 그리고 나는 출근을 하면서 담임선생님께 전화를 드렸다.

"선생님, 남훈이가 학교에 가기 싫다고 아침부터 찡찡거려서 오늘 하루 안 보내려고 해요."

"아니 왜요. 그 어린 것을 집에 혼자 두시려고요?"

"예. 제가 초등학교 3학년 때 학교에 하루 안 간 날이 있었거든요. 만나는 사람마다 넌 왜 학교 안 가니? 라고 묻는데 정말 미치도록 싫고 다시는 이러지 말아야겠다는 다짐을 한 계기가 있었어요. 만일 오늘 제가 남훈이를 달래서 보내면 결국 나중에 또 그럴 게 분명해요. 이번에 한번 대차게 안 보내 보려고요. 선생님 양해해 주세요."

"정 어머니 뜻이 그러시다면 그렇게는 하겠는데…."

"너무 염려하지 않으셔도 돼요. 그 녀석이 생각보다 똘똘하니까 오늘 하루 별 일 없을 거예요."

"네. 알겠습니다."

그 이후로 나는 학교에서 소문난 독한 엄마가 되었다. 저녁때 퇴근해서 아들에게 물었다.

"아들! 오늘 학교에 안 가니까 좋았어?"

"아니!"

"다음부터 학교에 안 간다고 또 할 거지?"

"아니 절대 안 할 거야. 학교에 꼭 갈 거야"

그날 이후 지금 3학년이 끝나가는 시점까지 아침에 일어나기 싫어서 침대에서 꼼지락거리다가도 내가 "학교 안 가려고?" 하면 발딱 일어나서 세수한다. 우리 아들은 안다. 엄마가 얼마든지 학교에 안 보낼 수 있는 독한(?) 엄마라는 것을!

엄마들이여! 생각해보자 난 과연 언제부터 집에 혼자 있었던가? 내가 독한 게 아니라 요즘 엄마들이 나약해진 것은 아닌지 모르겠다.

우리의 어머니세대는 정말 먹고살기 어려웠던 시절이었다.

지금 초등학생이나 중학생을 둔 엄마들은 그 가림막으로 자란 세대이며 치맛바람, 학원교육 등으로 자란 세대이다. 난 시골의 가난한 집안에서 태어난 덕분에 학원이라고는 웅변학원에 다닌 것이 전부였다. 그나마 나를 국회의원으로 만드는 것이 꿈이었던 아버지가 부족한 살림살이를 무릅쓰고 결단을 내린 덕분이었다. 부잣집 아이들은 피아노, 미술 등을 학원에서 배우고 심지어 서너 개씩 학원에 다니는 것이 이슈로 언론에 보도되던 시대였다. 지금과 다른 점은 그 당시엔 보습학원이 허용되지 않았고 과외는 무조건 불법이었다.

끼니가 없어서 굶는다는 말이 사라진 제법 먹고 살만했던, 온실 속의 화초라는 표현이 딱 맞는 세대였다.

그런 세대에게 고통이라는 것은 학교 등하굣길의 만원 버스, 시험공부, 체력장, 수련회 정도가 전부였다. 그래도 지금보다 나은 것은 '체벌'이라는 고통이 있었다. 과연 이것을 고통이라고 한다면 우리 전 세대가 겪은 것은 무엇이라고 해야 할까?

요즘 학교도 이런 아이들 때문에 힘들어한다. 고이고이 키운 아이들은 나약하고 자기밖에 모른다. 그런 아이들이니 서로 다투는 것은 당연하다. 선생님께서 잘잘못을 구분해 주시면 이해하지 못한다. 그 이유가 엄마는 그 일이 잘못된 것이라고 하지 않았기 때문이란다.

순수한 교육자 정신으로 이런 아이를 혼내서 고쳐놓으려고 하면 체벌금지니 뭐니 하며 엄마들이 발끈한다. 아니 그전에 아이 스스로 휴대폰 동영상을 찍어서 인터넷에 올린다.

교육이라는 것은 '인간적 믿음'을 바탕으로 시작되어야 하는데 학부모나 학생은 교육은 '성공을 위한 지식의 전달과정'이라고만 하니 서로 간의 생각의 차이가 클 수밖에 없다.

그런 환경에서 자란 지금의 엄마세대이다 보니 아이에게 조그마한 상처라도 나면 엄청난 일로 여기는 것이 지극히 당연할지도 모른다. 아이를 감싸고 또 감싸고, 어른이 돼서도 품속에 싸고만 둘 것인가?

거친 세상을 살아가려면 조금은 대범해질 필요가 있다. 적어도 우리 아이가 나보다 용기 있는 아이로 만들고 싶다면 말이다.

당신들이나 그렇게 하세요.
강남 엄마. 대치동 엄마. 압구정동 엄마.

강남엄마. 대치동 엄마. 압구정동 엄마 등등 소위 교육에서 한 가닥 한다는 엄마들이 TV 예능 토크에 나와서 자신이 하는 교육이 정말 바른 교육, 앞서 가는 교육, 그것도 위험하게 이렇게 안 하면 안 되

지역	합격자수(전체)	합격 비율(%)	고3 학생수
서울	1,194	9.8	122,132
광주	143	6.7	21,270
대전	117	5.6	20,916
대구	177	4.9	36,017
부산	227	4.9	46,404
전북	114	4.8	23,665
강원	85	4.7	18,205
전남	103	14.5	22,990
인천	164	4.4	36,881
울산	76	4.4	17,145
충남	104	4.4	23,583
경기	581	4	145,124
제주	29	3.9	7,383
충북	70	3.6	19,212
경북	110	3.4	31,907
경남	141	3.4	41,502
[전국]	3,435	5.4	634,336

2010 서울대 최초합격자, 지역별 합격 비율 (%, 천명당 합격생 비율)

는 것처럼 말하는 것을 본 적이 있다. 보는 내내 나도 마치 그렇지 않은 우리 애는 이러다 정말 저 밑바닥에 처박히는 거 아닌가 하는 생각이 들었다. 근데 진짜 문제는 이런 것을 보고 이 이야기를 마치 진리인 양 누구나 그러는 양 소문을 퍼트리는 약간 모자란 엄마들이다. 이것이 바로 우리 교육을 병들게 하는 것이다. 왜 교과서만 보고 공부하는 것은 다 거짓말처럼 받아들이는 것인가? 강남에 가서 살아야만 애가 바르게 되는 건가?

강남이 아닌 곳에서도 좋은 학교에 얼마나 많이 가는데 왜 강남, 강남만 하는 것인가? 전 세계를 흔든 싸이의 '강남스타일'은 그런 내

시도별 평균점수 (단위:점)

순위	언어	수리 '가'	수리 '나'	외국어
1	제주(105)	제주(104.1)	제주(106.2)	제주(105.1)
2	광주(103.6)	광주(104.1)	광주(103.7)	광주(104)
3	강원(102.9)	강원(104.1)	부산(102.7)	대구(102.5)
4	대구(102.8)	부산(103.3)	대구(102.5)	강원(102)
5	부산(102.1)	대구(102.5)	전북(101.6)	대전(100.7)
6	전북(101.2)	서울(102.3)	강원(100.4)	전북(100.6)
7	충북(100.6)	경기(101.9)	충북(100.2)	충북(100.6)
8	대전(100.5)	인천(100.6)	충남(100.2)	서울(100.2)
9	충남(100.1)	대전(98.1)	전남(99.9)	부산(99.7)
10	경북(99.6)	울산(97.2)	경남(99.8)	울산(98.7)
11	서울(99.5)	전남(96.6)	서울(99.4)	전남(98.5)
12	경기(99)	충북(95.9)	울산(99.2)	경기(98.4)
13	전남(99)	전북(95.8)	경북(99.1)	경남(98.3)
14	울산(98.9)	경북(95.6)	대전(98.7)	충남(98.1)
15	경남(98.7)	충남(94.4)	경기(98)	경북(97.7)
16	인천(98.3)	경남(93.3)	인천(97.7)	인천(96.9)

용이 아닌 것 같은데 말이다.

굳이 강남에 살지 않아도 서울대에 가는 애들은 많다. 서울대에 합격한 학생들의 출신지역을 살펴보면 바로 알 수 있다. 그리고 최근에 내신 위주의 선발방식을 바뀌면서 서울대 합격자들은 전국적으로 고른 분포를 보인다. 이런 상황에서 강남이나 서울의 주요 학군에서 내신전쟁을 치른다면 그 결과야 뻔하지 않겠는가?

위의 도표를 보자. 내가 사는 인천은 전국시도별 평균점수가 꼴찌다. 난 꼴찌지역 인천에서 꼴찌들을 대학에 보내면서 경험한 것을 토대로 꼴찌들에게 입시에서 성공하는 방법을 제시하여 희망을 주고 싶다.

아이들도 수강료가 아깝다는 생각을 할 거라는 착각을 버려라.

아무리 해도 이해 안 되는 공부를 반복하는 것은 죽을 만큼 싫다. 건성으로 슬렁슬렁 공부하다 보니 성적은 당연히 오르지 않는다. 그런데도 계속 학원에 보내는 부모를 우리 아이들은 어떻게 생각할까? 어쩌면 아이는 부모를 부자라고 여겨 계속 이렇게 살아도 잘살게 되리라고 착각하는 것은 아닐까? 이렇게 되지도 않는 일에 돈을 쏟아붙고 있는 부모의 경제상황을 아이가 좋게 생각하는 것은 당연할지도 모른다.

그 비싼 학원수강료를 내가며 힘겹게 학원을 보내는데도 열심히 하지 않는다고 여겨 아이에게 항상 불만을 품고 있지 않은가? 심지어 고마워할 거라고 착각하는 것은 아닌지 묻고 싶다.

아이가 저학년인 부모일수록 학원에 대한 욕심이 더 심하다. 그래서 고가의 영어학원이 그렇게 성황인가 보다.

한 달에 100만 원씩 학원비로 지출하기가 웬만큼 벌어서는 절대 쉽지는 않을 터, 정작 써야 할 시기에 못쓰고 꼬맹이 시기에 써버리고 만다. 그때는 부모도 젊고 수입도 많아서 무리를 해도 그럭저럭 버틴다.

이렇든 저렇든 어린 시절 100만 원짜리 영어학원에서 공부한 아이들은 자기부모님께서 굉장한 능력자라고 생각할 수밖에 없다.

'까짓 거 공부 좀 못해도 나중에 부모님께서 도와주겠지.' 그리고 지금 보이는 부모의 능력이 훗날 나의 든든한 뒤 배경이 되어줄 것이라고 아이들은 확신하고 있다.

나이가 들어 부모가 은퇴하면 내가 돌볼 노인이라는 생각을 아직은 하지 못한다.

그러다 보니 지금 부모에게 최대한 좋은 것, 비싼 것만 요구하는 모습은 어쩌면 당연하다. 아이가 비싼 스포츠 브랜드의 옷을 아무렇지 않게 사달라고 하는 것을 나무랄 것만도 아니다. (비싼 명품가방을 들고 다니는 엄마나 브랜드 옷만 입는 아이 서로 뭐라 할 것도 없네!) 혹시 집안 사정을 아이에게 터놓고 진지하게 말해본 적이 있는가? 아이는 지금 부모가 면죄부를 받기 위해 어렵게 마련한 수강료가 어렵지 않게 만들어진다고 생각한다. 아이가 고등학생이 된 시점에도 부모가 자녀의 교육에 그 큰돈을 투자할 수 있을까?

"미안하지만 내 아이라면 절대로 영어 유치원에 안 보낸다."

서울 강남의 한 영어 유치원교사의 말이다. 영어권 국가에서 태어나고 자라서 원어민 수준인 실력파 교사라는 이 친구 눈에 우리나라 엄마들이 얼마나 바보 같았으면 이런 말을 했을까 생각하니 절로 얼굴이 뜨거워진다.

이 기사가 포털사이트에 메인기사로 나올 정도로 충격적이었나 보다. 유치원 아이들에게 스파르타식 교육이라는 것도 말도 안 되지만 한국말도 못하는 아이에게 영어를 강요해야 하는 선생님으로서 양심선언이라고 여겨졌다. 당장 효과가 보일지 몰라도 수강료가 무려 200만 원 정도라면 다시 생각해볼 일이다.

효과야 스파르타식으로 가르치니 당연히 나타날 것이고 그 모습은 또래의 아이에 비해 남다른 것도 사실일 것이다. 그러나 초등학교에 들어가서는 과연 어떨까? 같은 기사에서 우남희 동덕여대 아동학과 교수 연구팀의 연구결과를 실었는데, 영어 유치원에 1년 6개월 이상 다닌 아이와 영어를 접하지 않은 공동 육아 시설 아이의 창의력을 비교했더니 언어 창의력 면에서 공동 보육 어린이는 평균 92점을, 영어 유치원 어린이는 평균 68점을 받았단다.

우 교수는 "너무 어릴 때 영어를 가르치면 사고 발달이 저해되고 창의력도 굉장히 낮아진다."고 경고까지 했다. "5살 아이가 2년간 습득한 영어를 초등학교 1학년은 6개월이면 터득한다."면서 "5살부터 영어유치원에 다닌 아이나 1학년부터 배운 아이나 금세 같은 레벨에서 만나기까지 한다." 라는 데 굳이 서둘러 가르칠 필요가 있을까? 영어 유치원을 졸업해서 초등학교에 들어와 후회한 엄마가 있었다.

지금은 왜 그렇게 많은 돈을 영어 유치원에 갖다가 줬는지 모르겠단다. 영어 유치원을 다니지 않았던 다른 애들이랑 똑같아진 모습에 후회막급이란다. 어차피 저렇게 될 줄 알았으면 조금 더 놀게 해주는 건데…, 그땐 그래야만 하는 줄 알았단다. 강남의 이야기가 아니다. 그래도 인천에서 조금 잘사는 사람들이 산다는 동네였다. 그러니 강남은 오죽할까 싶다. 돈이 남고, 시간이 남고, 힘이 남는 엄마들이 문제인 거 같다.

chapter
05
면죄부 찾기

난 우리 아이에게 '공부 열심히 해.' 대신
'오늘도 재밌게 놀아.'라고 한다.

못하는 것을 인정하라!

지탄받는 사교육? 당당한 면죄부!

제대로 된 면죄부를 찾아라.

chapter 05

면죄부 찾기

**난 우리 아이에게 '공부 열심히 해.' 대신
'오늘도 재밌게 놀아.'라고 한다.**

난 우리아이 등교 때마다 '오늘도 재밌게 놀아.'라고 한다. 난 적어도 초등학교는 재밌게 놀아야 한다고 주장하는 사람이다. 아이가 행복할 수 있는 시기는 인생에서 이때뿐이다. 모든 부모도 마음은 우리 아이가 행복하기를 바랄 거다. 그런데 왜 이 재미있는 학교 갈 때 뒤통수에다 대고 "열심히 공부해" 하는가? 열심히 공부하라는 이야기는 공부를 열심히 안 하는 아이한테나 하는 이야기 아닌가? 앞으로 우리 아이가 공부를 잘할 거라는 보장은 못 한다. 하지만 선생님에게 누가 되지 않는 아이로만 잘 자랐으면 좋겠다. 이번에도 선생님께 '반 평균 깎아 먹어서 죄송해요.'라는 말을 몇 번이고 반복하고 나왔다. 그래도 우리 아들 별명이 '범생이'다.

우리아이가 행복할 수 있는 시간은 과연 언제까지일까?

난 정말 억울하지 않다. 왜냐면 정말 고등학교까지 재밌는 시절을 보냈다. 공부에 대한 부담은 있었어도 성적을 올리기 위해 초등학교 중학교를 학원에서 보내지는 않았다. 그땐 과외를 하면 나라에서 가만두지 않았던 시절이라 ….

충북 시내 한 초등학교에 근무하는 6학년 선생님은 국가수준 성취도 평가에서 학교성적으로 성과급을 차등 지원한다는 도교육감의 지시가 있자, 작년도 최우수 영어 부진아들을 모았다. 5년간의 기출문제를 분석해서 외우게 하고 못 외우면 하교를 안 시키는 등 강행군을 시켰다. 그 선생님은 마음이 답답해서 인터넷 교육 토론방에 글을 올렸다.

수능(?) 준비하는 초등 6학년– 대학 가서 쉬어. 늘보 ruru****

(중략)

: 그런데 학부모님들 아셔요? 울 아이들에게 어떤 자유가 있는지? 쉬는 시간 없습니다. 요즈음은 아예 차임벨 없앴습니다. 화장실만 후딱 갔다 오고, 학습량 외워서 검사. 점심시간 당연히 단축했죠. 그나마 알차게 운영되는 예·체능전담과목제외만 간신히 남기고 시험범위 맞춰 교육과정 내용 완전개편입니다.

: 초등학교 교육과정의 총론. 목표. 각 교과의 학습 목표를 달성하기 위한 다양한 교수 학습방법 및 활동들이 다 완전히 무시되고 있다는 겁니다.

(중략)

미안한 마음에 "조금만 참아. 이 시험 끝나면 너흰 이전처럼 즐겁게 배울 수 있어."

그러자 "선생님. 하지만 우리 10월 달에 도내 학력 평가 있잖아요."

국가 수준 평가마저 모자라서 도내학력평가로 이번에 학교 전체 순위 매긴다는 겁니다. 국가 수준 평가 잘못되었냐고요?

글쎄요. 학부모로서 필요하다 생각할 수 있겠죠. 그런데 이것이 지나치다는 겁니다.

이 평가로 학교·교원평가 이루어지는데 어떻게 현장서 소신대로 준비할 수 있겠느냐는 겁니다.

문제는 시골학교.

기본학력이 높고 교육열 높은 시내 학교야 어떻게 하면 되지만, 결손. 조손가정에 오랜 기간 학습 누손에 기본, 기초 전혀 없는 시골학교 정말 미칩니다.

아예 학교서 숙식하며 시험 준비해도 평균점수 까먹는다는 억울한 지탄받기 일쑤인 시골학교. 작년 6학년 맡을 때 책임감에 연장수업하며 했는데, 올해 아이들이 지쳐하고 틈만 나면 책상에 엎드려 잠을 청하는 아이들을 볼 때 이건 아니다 싶기에 글 올렸습니다. 참고로 전 전교조도 아니니 괜히 딴지걸지 마시고 학부모로서 이런 교육은 정말 아니다 싶다고 절실히 느낀 교원이자 초등 1년 학부모로서 올린 것뿐입니다.

오죽했으면 초등 6학년생에게 대학가서 쉬라고 했을까? 갑자기 우리 아이들은 행복했던 시간이 언제였을까 해서 물어봤다. 최근 이 두 가지 일이 가장 생각난다고 한다.

episode 1. 폭설이 내리던 날 눈사람 만들었든 일

눈이 많이 온다는 것은 알았지만 차가 다닐 수 없는 상황이 될 거라고는 생각하지 못했다. 그런데 폭설이 쏟아져 결국 걸어서 집에 와야 할 상황이 벌어졌고, 내내 걱정되던 나는 다섯 정거장 정도의 거리를 걸어서 아들을 데리러 갔다. 세상은 온통 흰 눈으로 덮여있었다. 종아리까지 빠지는 눈을 헤쳐(?)가며 아들을 데리러 가는데 영화러브스토리의 주제음악이 절로 흥얼거려졌다. 학교 앞에 가보니 나 말고도 대부분 엄마가 아이를 데리러 온 상황이었다. 아이들은 눈 오는 날 강아지처럼 되어있었다. '눈 오는 날 강아지'를 모르는 분들이 계실까 봐 설명한다. 눈이 오면 강아지는 미친 듯이 뛰어다닌다. 강아지 눈에 흰색이 보이지 않아 놀라서 그러는 거라는데 우리가 보기엔 영락없이 아주 신이 난 모습이다.

우리 아들과 난 집으로 가는 것을 포기하고 공원에서 눈사람을 만드는 것에 합의했다. 그리고 우리 아들 혼자서 눈사람을 만들어보라고 했다. 금방 내린 눈이어서 잘 뭉쳐지기 때문이었다.

처음엔 주먹크기만큼 작은 눈이 점차 커지면서 우리아들과 비슷한 무게로 그리고 부피로 기하급수적(?)으로 커지더니 드디어 우리 아들의 허리에까지 올라왔다. 아마 한 방향으로만 밀었다면 롤 케이크 형태가 되었을 것이다. 다른 방향으로 굴리다가 아들의 힘이 부칠 땐 내가 발로 밀어주었을 뿐 크게 도와주지는 않았다. 두 번째 눈덩이를 뭉치고 나니 이젠 내 걱정이다. 저걸 어떻게 첫 번째 만든 눈덩이 위에 올리나 걱정을 하고 있는데 마침 한 청년이 친구들과 지나가다 우리 아들이 만든 눈덩이를 보고 신기해했다. 난 기회다 싶어 초3 꼬맹이 혼자서 만든 것이라며 부탁을 했더니 흔쾌히 들어주었다. 그래서 우리 아들만 한 눈사람이 드디어 완성되었다. 우리 아들의 뿌듯함을 뭐라 표현할 수 있겠는가?

난 우리 아들이 오늘을 기억하며 우리 손자에게도 같은 경험을 할 수 있게 해 주었으면 하는 바람이다. 이처럼 큰 눈사람을 자신의 힘만으로 만들 수 있었던, 그리고 눈이라는 것이 정말 행복하고 아름다운 것이라는 것을 꼭 다음 세대에 알려 주었으면 한다.

지나가시던 할머니의 말을 잊지 못한다.

"요즘 애들은 이런 눈에서 굴러본 기억이 있겠는 겨? 눈썰매장이나 가봤것지."

episode 2. 장마철 폭우 속의 등산

사실 우리 남편이나 나, 둘 다 정상은 아닌 듯싶다. 폭우로 여기저기 잠기던 2011년 8월 장마철이었다. 미친 듯 폭우가 쏟아지는데 등산을 하자고 했다. 이유는 끝내주는 우비를 샀기 때문에 실험(?)하고 싶었던 것이다. 여기에 어디든지 빠지려 하지 않는 우리 아들도 함께 가겠다며 떼를 썼다. 우린 동네 뒷산을 오르기로 했다. 비가 얼마나 쏟아지는지 올라가는 등산로에 물이 철철 흘러내리고 평소엔 찔찔 흐르던 계곡(?)아니 도랑에 물이 콸콸 쏟아지고 있었다. 그것도 모자라 천둥과 번개까지 사납게 위협을 하고 있었다. 우비입고 우산을 쓰고도 비가 마구 들이치는 정말 말도 안 되는 날 등산을 감행한 것이다. 문득 어릴 적 비 오는 날, 미친 듯이 빗속에서 뛰놀던 추억이 떠올랐다. 아마도 그 추억 때문에 이런 짓(?)을 감행하는 것일지도 모른다.

"씽잉인더렌~ 씽잉인더렌~ 씽잉인더렌~"

어릴 때 본 드라마 속의 한 장면처럼. 그리고 주인공인 말괄량이 삐삐가 "슈팡크!"를 외치며 물웅덩이를 발로 차는 것처럼 셋은 천둥·번개가 치는 폭우 속을 미친 듯이 즐겼다. 그리고 나서 어른 둘은 몸살에 어린 아들은 추억에 폭 빠졌다.

폭우에 대한 기억을 큰아이가 하나 더 들추어낸다.

"엄마 그때 강원도 봉평, 거기서 우리 날벼락 맞은 날 있잖아. 개천에서 폭우 때문에 우리 집 식구 다 쫄딱 젖어서 남훈이 옷 입고 있었던 날!"

그날 폭우가 몰아칠 줄은 몰랐다. 눈앞에서 비가 쏟아지면서 사납게 다가오는데 정말 무서웠다. 쓰나미? 아마 그 정도였다. 하얀 커튼이 우릴 향해 덮쳐오는 것 같았으니까? 텐트 날라 갈까 봐 아들, 딸, 나는 텐트 안으로 들어갔다가 도저히 안 될 것 같아서 텐트를 들고 개천 위로 뛰어 올라갔다. 그리고 간신히 비를 피해서 보니 우린 정말 속옷까지 완전히 젖은 말 그대로 물에 빠진 생쥐가 되어 있었다. 급히 근처의 호텔을 잡아 들어갔지만, 그때부터가 문제였다. 여벌의 옷이 하나도 없었던 거다. 그냥 하룻저녁 야영한다는 생각으로 가볍게 준비해서 나왔기 때문이었다. 그 때 초 3학년 우리 아들, 회심의 미소를 짓는다.

"아빠 이거 입을래?"

그렇다. 우리 아들이 오늘 아침, 유난히 많은 옷을 가방에 챙겨 넣기에 뭘 그렇게 많이 준비하느냐 했더니 물장난하면 옷을 버릴 수 있다며 고집을 부렸었다.

혹시나 하는 마음에 입어 본 남편의 반응이 우스웠다.

어! 맞네!

초등학교 3학년치고는 덩치가 큰 편인데다 아이가 힙합스타일의 옷을 즐겨 입어서 남들 볼까 민망하기는 해도 그럭저럭 입을 만했다. 우리 가족 모두가 아들의 옷을 나눠 입고 하루를 보내야 했다. 그날 우리 아들의 얼굴에선 온종일 뿌듯한 미소가 넘쳐났다.

"거봐. 챙겨오길 잘했지?"

지금도 우리 아들과 딸은 그날이 제일 재밌었단다.

놀이동산이나 그 어떤 공연도, 영화나 연극도, 외국여행 가서 즐겁던 기억도 이것에 비교할 바가 아니다. 그냥 지내다 보면 조금은 무모한 듯, 그러나 아무런 준비 없이 겪는 자연에서의 경험이 우리 아이들에게는 가장 즐거운 추억이다. 이런 경험은 어느새 우리 주위에서 위험한 일로 치부되어 요즘엔 아이들이 경험할 기회조차 없어졌다. 대신 인공의 놀이동산에서나 간접경험을 할 수 있을 뿐이다.

난 우리 아이들에게 만들어진 곳에서 하는 간접경험이 아니라 실제 자연환경에서 겪는 경험을 시켜주고 싶다. 그리고 이것을 다음 세대에도 전해주고 싶다.

그렇기에 공부에 매달리기보다는 놀이로 보낼 수 있는 시간을 만들어 주고 싶다.

다른 아이들도 궁금해졌다. 그래서 중·고등학생 100명을 대상으로 조사를 해봤다.

우선 가족과 행복했던 기억 10가지를 적어보라고 했다. 100명 중 31명만이 10개를 다 채우고 나머지 학생들은 3~5개 정도만 채울 수 있었다. 아이들은 어느 순간을 행복했다고 기억하고 있었을까? 가장 많이 나온 이야기는 엄마가 아닌 아빠와 함께했던 기억들이었다.

항상 옆에 있는 엄마보다는 짧지만 친근했던 아빠의 모습을 더 행복했던 기억으로 갖고 있었던 것이다.

감동

- 처음으로 아빠에게 볶음밥을 해주었다.
- 유치원에서 아버지의 날에 아빠랑 행사에 참여했음.
- 아빠가 맛있는 라면을 끓여주셨다
- 요즘 많이 힘들어하시는 아빠한테 장갑을 사드렸더니
- 내색을 안 하셨지만 내심 뿌듯해하셨을 때

- 아빠랑 나랑 엄마 생신 때 함께 시장가서 장보고 생신상을 차려드려 행복했다.
- 학교에서 친구랑 싸워서 아빠한테 혼났는데 나를 다독여주고 나를 위해 혼내주어서 큰 교훈을 얻어서 좋았다
- 해수욕장에서 아빠가 나를 업고 바다 깊은 곳에 들어갔을 때 눈이 오는 날 아빠가 눈사람을 내 키만큼 크게 만들어 주셨다.
- 아빠 대학산악동호회에 가서 다 같이 놀고 힘들게 산타고 맛있는 걸 많이 먹었다.
- 아빠가 직접 만들어온 얼음 썰매 타러 빙판을 찾아다님, 찾아서 재밌게 놀다 옴.

코믹

- 동생이 아빠 보고 콩이 뭐냐고 물어봤는데 아빠가 주춤하더니 "두유!" 라고 대답하셨다.
- 가족끼리 놀이동산을 갔는데 갑자기 아빠가 사라져서 막 찾고, 전화를 계속했는데 받지도 않고 걱정을 했는데 아빠 혼자 자이로드롭을 타러 갔다 웃으면서 돌아오셨다.
- 정시 다 떨어지고 아버지가 화를 내시더니 밥상에서 내 숟가락이 사라졌다.
- 아빠 머리가 빠지고 있는데 '아빠 대머리야?' 라고 해서 얻어맞은 것.
- 아빠가 그네를 태워주다가 날 떨어뜨렸는데 아이스크림을 사줬다.

이 글을 읽고 나의 모습이 투영되는 아버지라면 아마도 당신은 아이들에게 멋진 아버지일 것이다. 뜻밖에 형제자매에 대한 행복한 추억도 많다. 맨 날 싸우고 밉다가도 어느 순간 친구처럼 다가오는 형제자매. 부모처럼 공부를 강요하지 않는 편한 존재. 경쟁자면서 누구보다 급할 땐 내 편이 되어주는 따뜻한 존재. 그래서 형제가 있어야 한다고 들 하나보다. 재미있는 이야기들을 추려봤다.

- 동생이 시골에서 사라져서 마을 사람들과 찾았는데 알고 보니 개집에 있었음.
- 친구가 오빠가 있느냐고 해서 '있다.'라고 했고 누구 닮았느냐며 물어서 '아빠'라고 했을 때.
- 오빠가 내 체육대회 때 썼던 밀짚모자와 트렁크 팬티만 입고 '고무고무' 했던 것.
- 오빠랑 남동생이랑 나랑 다 같이 소녀시대 떼 창 하다가 시끄럽다고 내쫓긴 거.
- 아빠가게에 있는 엄청나게 큰 상자에 오빠랑 같이 들어가서 놀았다.
- 친척 오빠 동생과 동네에서 썰매를 만들어 타고 놀았다.
- 초등학교 2학년에 재학 중일 때 동생이 태어났다.
- 동생이 처음으로 언니라고 불렀을 때.
- 동생이 내가 아프다고 해서 옆에서 기도를 해주었다.
- 동생과 뛰어놀다 동생을 내가 밀어서 응급실에 갔다. 동생 눈썹이 없어졌는데 동생은 웃었다.

- 오빠가 처음으로 생일날 밥을 사줬다.
- 여동생이 초등학교 졸업을 해서 졸업식에 갔는데 동생이 발표를 잘 함.
- 매주 일요일마다 가족 모두 함께 있는 유일한 날인데 다 같이 모여서 웃고 떠드는 것 자체가 너무 행복하다.
- 동생과 대화를 나누다 보면 눈물이 나올 정도로 웃을 수 있어서 행복하다.
- 동생이 큰 화상을 입어서 입원하고 아팠는데 모두가 함께 기도해 줬던 기억.
- 14살에 동생과 함께 돈을 모아 부모님 커플티를 사드렸다.
- 동생 앞머리를 자르려다 1자로 만들어 버려서 혼났다.
- 언니와 친척들과 겨울에 눈 속에 음료수를 묻어놓고 다음날 꺼내 먹었다.

역시나 아이들이 기억하고 속에는 행복한 이야기는 아주 소소한 것들이었다.

- 4살 때 할아버지 제사 때문에 시골에 내려갔는데 밤하늘에 있는 무수히 많은 별을 봤을 때.
- 시골 마당에서 다 같이 누워서 별을 봤을 때.
- 눈이 오는 날 아빠가 눈사람을 내 키만 하게 만들어 주셨다.

100명 중 2명의 아이가 이런 이야기를 썼다.

· 초등학교입학 때 부모님의 손을 떠나서 학교에 가는 게 설레었다.
· 초등학교에 입학했을 때 신나고 설레었다.

이랬던 아이들이 학교를 힘든 곳으로 느끼며 다니고 있다는 것에 마음 한구석이 무너졌다. 암튼 나는 이 설문지를 혼자 보기에는 너무 아까서 부모님에게 보내 드린 후 고맙다는 전화를 여러 통 받았다. 가슴이 따뜻했다고 한다. 나조차도 그런데 우리 아이가 나를 이렇게 생각하고 행복한 기억을 하고 있다니 얼마나 기뻤을까 싶다.

못하는 것을 인정하라!

어차피 잘하나 못하나 100명이라면 100명 중 몇 등일 뿐이다. 10,000명이라면 그 중의 몇 등, 못한다고 마이너스 등수는 없다.

'못하는 것을 인정하라!'

어차피 잘사나 못사나 하루 세끼 먹고 옷 입고 집에서 자는 건 똑같다. 단지 조금의 질적 차이가 있을 뿐이다. 이것 좀 어떻게 남들보다 잘해야겠다고 안달복달하다가는 아이의 인성에 큰 오점을 남기고 결국 그것이 나에게 부메랑이 되어 돌아온다. 그 생각을 하면 지금 아이에게 공부하라는 말만 되풀이해서는 안 될 일이다. 인격형성에 가장 중요한 시기가 공부를 강요당하는 시기와 같은 시기라는 것이 안타깝다.

인격과 공부 중 어느 것을 선택할 것인가?

부모 된 우리가 이제 선택해야 할 갈림길에 서 있다.

공부는 선생님에 대한 예의다.

난 아이들에게 '공부는 선생님에 대한 예의'라고 가르친다. 학교는 즐거운 곳이고 선생님에 대한 예의를 갖추면 적어도 중간은 한다는 것이다. 예의란 무엇인가? 한마디로 수업시간에는 수업에 몰두하는 것이다.

 못해도 상관없다. 몰두하고 있는 모습만으로도 이 학생은 나중에 존중받을 자격이 생기는 것이다. 필요 없는 과목이라고 잠만 잔다거나 딴전을 피우는 것은 기본적으로 선생님에 대한 결례이다. 인격형성이 완벽하지 않은 아이들은 이것을 단지 재미없는 것에 대한 표현이라고 생각한다. 선생님에 대한 존중이라는 말은 사라진지 오래다. 아이들은 앞에 있는 선생님께서 자신의 행동으로 상처받는다고는 생각하지 않는다. 사실 선생님들도 교사가 되고서야 안다.

 부모들은 모르는 게 있으면 선생님께 질문하라고 아이들에게 말한다. '알아야 질문도 한다고 하지.' 수다 중 엄마들의 말이다.

 우리도 세미나에서 발표자가 '질문 받겠습니다.' 할 때 내내 졸다가 '헉! 뭘?'이라고 생각만 한다. 질문하는 사람들은 정말 이 세미나를 이해하는 사람들 아닌가?

 부끄러워서라고 이야기하는 아이들이 지금은 없다. '질문은 절대 부끄러운 행위가 아니다.'라는 것을 이미 교과서에 배웠기에 그런 말은 하지 않는다. 밑도 끝도 없는 질문은 상대를 짜증나게 만든다는 것도 요즘 아이들은 영악해서 잘 안다. 수업내용을 이해했어야 질문도 생기는 거다.

 어떤 아이는 선생님에게 질문하면 선생님께서 짜증을 내기 때문에 안 한다고 한다. 그러나 아이의 이런 말을 들은 그대로 믿기 전에 한 번쯤 생각해 봐야 할 것이 있다. 질문내용이 정말 선생님 교과목에 대한 정중한 질문이었는지, 정말 아이가 예의를 갖춰 질문했는지 여부다. 이 모든 조건이 충분한데도 선생님께서 짜증을 냈다면 그 사람은 선생님 자격이 없는 거다. 하지만 내 경험에 비추어 볼 때 내가 한 수업에 대한 추가 질문을 하는 아이가 제일 예쁘다. 다른 선생님도 같다고 생각한다. 질문할 때 아이가 나에게 하듯 선생님께 했을 경우를 생각해 본다면 선생님의 반응도 추측이 될 거다. 우리 아이를 바로 보아야 할 필요가 있다.

아이들에게 가르쳐야 한다. '질문은 절대 부끄럽지 않으며 꼭 해야 한다.'가 아니라 적어도 수업에 열중해서 들어주는 것이 선생님에 대한 예의라고 말이다. 이것이 기본이다.

내가 선생님에게 예의를 갖출 때 지식이 비로소 나에게 들어와 '공부'라는 것이 되는 것이다.

선생님도 사람이다. 자신을 좋아하는 사람을 좋아할 수밖에 없다. 고등학교 시절 교련선생님이 다른 아이들에게 인기가 없었다. 독선적이어서 그랬나 보다. 그런데 나는 그 선생님의 수업을 열심히 들었다. 그리고 특유의 농담으로 선생님을 항상 편하게 대했었다. 그런데 교련실습시험에 실수를 했다. 하지만 그 선생님은 '평소에 열심히 했는데 긴장했네.' 하시면서 만점을 주셨다.

아이들이 선생님 때문에 상처 받는다고 하는 것처럼 선생님도 아이들을 가르치다 보면 아이들 때문에 상처받는다. 처음엔 아이들의 인생에 멘토가 되겠다는 포부를 가지고 열심히 한다. 그러나 한해 두 해 아이들에게서 상처받고 나면 그 상처받은 기억 때문에 다시 아이들에게 상처를 주게 된다. 그래서 오래된 선생님들은 너무 아이들에게 정주지 말라고 조언한다.

　그러나 한 가지!

　선생님도 사람이기에 자신을 존중해 주는 아이를 존중한다는 사실을 꼭 명심했으면 한다.

지탄받는 사교육? 당당한 면죄부!

사교육이 뭔지부터 알고 출발해야 할 문제다.

공교육의 반대말 아닌가?

사교육이 과외?

보습학원?

처음 사교육이 문제라고 하면서 사교육 줄이기를 했을 때는 사교육이 예체능학원이었다. 어린아이들이 음악, 미술, 태권도, 영어 등 학교에서 국·영·수·사·과 외에 아주 부수적인 실기 과목까지 배우는데 예체능학원까지 다니면 힘이 들고 돈이 든다는 이유에서다. '그것까지 해야 하는 거냐?'라는 데서 출발한 것이다. 그런데 느닷없이 김영삼 정부에서 보습학원을 허가해 주었다. 이때부터 공부는 학교만으로는 부족하고 학원에서 해야 진정한 공부를 하는 것처럼 된 것이다. 이것은 공교육의 연장이지 '진정한 사교육'은 아니라는 것이다.

　진정한 사교육은 '성적에 대한 욕심 버리기,'에서 시작된다고 본다. 아이의 성적을 올리는 것이 아닌 '멋진 우리 아이 만들기'다. 중학교까지의 예체능은 많은 것을 경험해 볼 수 있는 좋은 과목이다. 경쟁보다는 이 아이가 '한 인간'으로 살아가는 데 있어서 가장 필요한 과목이다. 나는 이 부분이 사교육이 담당해야 할 몫이라 생각한다.

요즘처럼 공부에 모든 사활을 걸고 덤비는 환경에서 학교에서도 예체능이라는 과목은 이제 그냥 시간표에나 있는 과목일 뿐이고, 이마저도 실제 고1이나 고2 때 잠깐 배정되어 있을 뿐이다. 공부에 시달리는 아이들에게 이 시간은 휴식과 같은 시간일 텐데 이 수업을 대폭 축소해 버리면서 아이들은 숨 쉴 수 있는 시간이 그마저도 없다. 이 숨 쉴 수 있는 공간을 만들어 주는 것, 나는 그것이 바로 사교육이라고 생각한다. 지금 사교육은 무언가 목적을 가지고 한다. 내가 현재 근무하는 학원도 입시학원이다. 그래야 학원생이 목적을 가지고 찾아온다. 정말 간혹, 진짜 간혹 아이가 그림 그리는 것을 좋아하는데 일주일에 두 번 정도 그냥 그림만 그리게 하고 싶다며 찾아오는 부모가 있다. 난 이 부모를 세상에서 가장 멋진 부모라고 생각한다. 더군다나 지금 같은 공부만 부르짖는 환경에서 이런 생각을 한다는 것은 정말 엄청난 결심이 아니면 힘들기 때문이다.

난 이것이 진정한 사교육이라고 생각한다. 대부분 꿈을 이루지 못했다고 생각하는 사람들은 이런 말을 한다.

- 피아니스트가 되고 싶었지만, 부모님께서 반대해서
- 미술을 전공하고 싶었는데 가정형편 때문에
- 축구선수가 되고 싶었는데 부모님께서 능력이 안되셔서

다 핑계다. '내 핑계'든 '부모 핑계'든 다 핑계를 대고 못했다고 한다. 그래서 나는 인정하지 못한다. 실제 예체능 학원의 강사들은 대다수가 집안 형편이 안 좋아서 아르바이트하다가 직업으로 된 경우다. 이랬든 저랬든 하고 싶은 것을 하는 게 아닌가?

다만 이런 경우는 인정한다. 유명한 외과의사가 밴드활동을 한다거나, 변호사가 개인전을 연다거나 이런 사람들은 공부를 정말(?) 잘한 탓에 부모님의 기대를 저버리지 못하고 자신의 꿈을 포기한 경우라 할 수 있다. 그래서 지금이라도 하려고 하는 것이다. 못 이루기 때문에 꿈이라는 것이 아니라 지금이라도 하라고 꿈이다. 그런데 이런저런 이유로 못한다고 하는 것은 그저 핑계일 뿐이다. 여기서 부모를 원망하는 것에 대해 이야기를 하고 싶다.

'부모 핑계'

지금 우리 아이가 20년 뒤에 누군가에게 말한다. "저는 사진작가가 되고 싶었는데 엄마가 돈이 없다고 하지 말라고 해서 못했어요." 라고 한다면 어떨까?

기가 차다. 지금 과외랑 학원은 공짜로 다니나? 난 나름대로 나중에 원망을 듣지 않으려고 이 학원, 저 학원. 좋다는 정보는 죄다 알아와서 자기가 공부 못하는 거 채워주려고 온갖 노력을 다했다. 그런데 어디서 듣도 보도 못한 이야기를 꺼내 나 때문에, 그것도 내가 돈이 없어서지 뒷바라지 못해서 꿈을 포기한 채 사는 것처럼 얘기한단 말인가?

이건 돈은 돈대로 쓰고 욕은 욕대로 먹는 아주 뭣 같은 경우다. 한마디로 제대로 된 면죄부를 받지 못한 탓이다. 면죄부를 받으려면 제대로 받았어야 했던 것이다. 일단 아이와의 대화가 제일 중요하다. 학원에서 받는 거지만 어차피 그 아이에게 받는 면죄부이다.

난 개인적으로 입시학원을 찾아오는 초등학교 엄마들을 싫어한다. 아이들을 위해 서가 아니라 이기고 싶은 엄마의 욕심으로 오기 때문이다. 이런 경우 가까운 동네미술학원에서 아이들의 꿈과 희망을 그리라고 조언을 해준다. 지금 아이들이 그림을 그리는 것은 일종의 놀이 활동이기 때문에 그냥 놔둬야 한다.

잘 그리는 것 같아서 그것을 전문적으로 가르치려고 하면 오히려 그림에 체하는 현상이 나타난다. 그 결과 잘못된 테크닉만 배운다든가 아니면 아예 그림 그리는 것이 두려워서 포기한다. 또, 상을 타기 위한 그림은 그리지 말라고 당부까지 한다. 고맙다면서 발길을 돌리

박희원(8세). 서울영서초1.

는 엄마들이 내가 한 조언을 그대로 따라 할지 모르지만 적어도 난 초등학교 다니는 내 아들에게 한 번도 그림을 강요해 본 적이 없다. 지금도 그림을 마구 그리도록 내버려 두고 있다.

제대로 된 면죄부를 찾아라

잘못된 부모는 둘 중 하나다. 아이를 지나치게 과대평가하는 부모, 또는 무시하는 부모. 나는 지금 우리 아이에 대해서 어떻게 생각하고 있는지 진지하게 생각해 볼 시점이다. 아이가 머리는 좋은데 공부를 하지 않는다고 학원에 보내는 부모, 십중팔구 학원에도 만족하지 못하고 아이의 행동에도 만족하지 못한 채 학원을 순례한다. 결과에 만족이라고는 없다.

반대로 무시하는 부모? 그야말로 방치다. 아이가 어딜 가든지 무엇을 하든지 상관없다. 사고만 치지 않으면 된다.

난 이 두 유형 중 그래도 좀 더 나은 부모를 선택하라면 후자인 방치하는 부모를 선택하겠다. 이유는 적어도 아이가 하고 싶어 하는 것을 맛볼 기회를 줄 수 있기 때문이다. 실제로 나와 상담한 친구들 중 이런 학생이 제법 많다. 미술이 심리치료에 이용된다는 것, 그리고 효과가 크다는 것은 이미 알고 있는 사실이다. 현재 아이들의 문제의 발생 원인이 교육과정에서 예체능이 배제되면서 부터라고 주장하는 이들이 많은데, 그 주장이 설득력이 있는 것은 실제로 아이들이 숨 쉴 수 있는 과목이 사라졌기 때문이다.

예술은 오감뿐만 아니라 우리의 영혼에 휴식과 치유 그리고 풍요로운 정서를 만들어준다. 요즘 교육은 이러한 것을 배제한 채로 공부만을 강요하여 아이들에게 서 정서와 감정을 사라지게 한다. 이로 인해 생명경시 풍조와 도덕성, 공공성, 소통의 단절, 편집증적 성격이나 개인주의적 성향이 점점 심해져 가고 있다는 우려의 목소리도 들린다. <교육편식>이라는 제목으로 한 신문에 실린 칼럼이다.

(중략)

우리는 최근 인간성의 회복을 이야기한다. 이 말은 인간성에 문제가 있다고 말하는 것이다. 그렇다면 어떻게 행동해야하는지를 생각해야 하고 그 답은 예술에서 찾을 수밖에 없기 때문 에 결국 예술교육이 회복되어야한다고 생각한다. 우리의 교육의 목표는 무엇일까? 지적 소유자를 만드는 것이 아니라 육체적 정신적으로 건강한 삶을 살 수 있도록 하는 일이다. 어려서부터 예술과 함께 성장해야 건강한 삶과 창의적 삶, 그리고 조화로운 삶이 될 가능성이 있다고 본다. 그러나 이미 성장한 청소년이라면 학교 교육 현장 속에서 올바른 예술교육의 몫을 행하기를 주장해본다. **중부일보 2012.10.18 황은하 화가**

실제로 자녀의 예체능 능력에 대해 입에 침이 마르도록 칭찬한 번 안 해본 부모는 없을 거다. 유치원 시기, 재롱잔치 무대에서 순서도 틀려가며 따라 하던 그 귀엽고 앙증맞은 모습에 '우리 아이가 무용에 재능이 있네.' 그냥 낙서한 것만 봐도 '미술에 천재네.' 공을 차는 모습을 보며 '축구선수를 시켜야겠네.' 하던 그 너그러운 부모의 모습은 어디로 가고 지금은 공부만을 강요하면서 우리 아이가 이상해졌다고 말도 안 되는 소리만 하는가?

돌아보라! 우리 아이는 한 때 예체능에 천재였다.

공부가 안되면 예체능이라도 해야지?

솔직히 이 책의 서두에서 이야기 한 경우가 내가 만나는 가장 보편적인 케이스며 그래서 난 단호하게 공부가 안된다면 예체능이라도 하라고 권한다. 공부를 못하는 아이에게 공부를 죽도록 열심히 해보든지 아니면 인생을 포기하라고 해야만 옳은가?

한 가지 다행스러운 것은 나를 찾아온 부모님과 학생들은 한 번쯤 그림을 잘 그렸던 어렸을 때 기억을 갖고 온다는 것이다. 즉 재능은 있는데 단지 그림을 공부하면 돈이 많이 든다는 생각 때문에 미뤄왔다는 것이다. 먼저 밝히지만, 고액과외를 받는 것보다는 휘~얼씬 싸다. 그리고 효과도 좋다.

chapter
06
최소한의 공부를 위한 힌트

국어점수 올리는 법=만화책!

여우같이 준비해라.

교육정책 변화를 너무 두려워하지 마라.

재수를 두려워하지 마라.

내신은 용의 꼬리보다는 뱀의 몸통이 낫다.

chapter 06
최소한의 공부를 위한 힌트

국어점수 올리는 법=만화책!

대부분의 상위권 수험생들이 가장 어려워하는 분야가 바로 '언어' 영역이다. 극 상위권에서는 언어 때문에 서울대를 포기해야 하는 경우가 부지기수다. 이건 공부한다고 되는 것도 아니다. 그래서 고1 때 첫 번째 모의고사 점수가 수능점수라고까지 한다. 실력이 고정되는 게 언어능력이라는 것이다. 이 사실을 아는 부모가 제일 먼저 자녀에게 강요하는 게 독서다. 어려서부터 독서는 필요하다. 언어점수를 따기 위해서는 더더욱 그렇다.

그런데 신기하게도 아무렇지도 않게 언어 1등급을 따는 아이들이 모이는 곳이 있다. 바로 '만화애니메이션과'다. 다른 과목점수는? 상상 그 이상이다. 물론 밑이란 것이다. 그런데도 왜 언어점수는 유독 잘 나오는 것일까? 학생들과 상담을 하면서 그리고 또 저자의 경험에 비추어 보면 그 답이 서서히 나온다.

저자의 어릴 때 꿈은 만화가였다. 친구가 찾아와서 저자를 찾으면 우리 부모님은 아무렇지도 않게 '만화가게에 가봐라'고 하셨다. 그 당시 만화가게는 지금의 PC방보다 더 우범지역(?)으로 분류되던 시절이었다. 그러나 학교성적이 상위권이었던 저자가 만화가게에 가는 것이 부모님 입장에서 그다지 걱정하실 사항은 아니셨던 것 같다. 그런데 다른 점수에 비해 유독 국어점수가 좋았다.

그 이유를 찾다보니 문득 실마리를 찾을 만한 단서가 떠올랐다. 책을 참 빨리 읽었다는 사실이다. 특히 만화책은 잡으면 15분에 1권, 어지간한 소설책도 하루면 다 읽어버렸다. 그땐 그러한 저자의 능력(?)이 능력인지 몰랐다.

그런데 학원에서 학생들을 지도하면서 매우 흥미로운 사실을 알게 되었다. 애니메이션과를 지원하는 학생들의 언어점수가 다른 과목보다도 유독 높다는 점이다. 수학이야 말할 것도 없고, 영어나 사회 과목은 언어의 반에 반도 못 미치는 점수인데 유독 언어점수만 서울대를 가고도 남을 정도였다. 그 이유가 무엇일까? 곰곰이 생각하다가 번개처럼 뇌리를 스치는 생각에 무릎을 탁 쳤다.

"아! 그래, 만화책!"

만화는 그림이 바탕이고 짧은 언어로 의미를 전달한다. 몇 가지 단어만 스윽 읽어 가도 내용이 절로 파악이 되는 것이다. 요즘 수능 언어문제지를 보신 적이 있는가? 반이 지문이다. 듣도 보도 못한 지문이 시험지 반을 덮고 있다. 그것을 읽고 이해해야만 문제를 풀어나갈 수 있는 것이다. 그렇다! 속독이 필수이다. '그럼 속독 학원을 보내야겠네.' 생각하시는 성급한 부모님 이쯤이면 나온다. 속독의 기술만 배우는 게 중요한 것이 아니라 내용을 먼저 잡아내는 능력이 필요하다는 것이다. 어디 속독학원에 애들을 보내봐라. 답이 나오는 지. 그래서 저자는 이렇게 권한다. 즐겁게 읽을 수 있는 책을 아이에게 내밀어 보시라고. 바로 만화책이다.

학습만화, 순정만화, 무협만화, 무엇이든 좋다. 의미 없는 게임으로 시간을 탕진하는 것보다는 그래도 뭐든지 머릿속에 지식으로 쌓이는 게 낫지 않을까? 속독은 저절로 배우게 될 것이다. 저학년에 시작할수록 효과가 좋다. 그리고 얻게 될 것이다. 적어도 지식이나 정보를 말이다. 그것이 좋든 나쁘든, 설마 인쇄되어 나오는 출판물이 야동보다야 나쁘겠는가?

난 펜픽으로 언어 만점 받았다? 펜픽? 야설? ^^::::

한 엄마가 '대국민 고민상담, 안녕하세요.'라는 TV프로에 출연해서 아들이 유명한 야설 작가여서 고민이라고 했다. 야동·야설. 그렇다. '야한 소설'이라는 거다. 고 1짜리 아들이 방송 불가의 단어가 담긴 야한 소설로 유명하다니 엄마로서 얼마나 고민이 많았겠는가. 시청자도 남의 일이니 웃지, 사실 내 아들이었다면 정말 속깨나 썩었을 것이다.

실제로 이런 글을 쓰는 우리 아이가 성 경험이 있는 것은 아닌지 의심스럽고 앞으로 이 일을 어떻게 해야 할지 걱정이라는 것이다. 엄마의 친구들도 처음에는 '큰일이다.' 하다가도 아들이 쓴 글을 읽어보고는 재주가 있다고 칭찬한다. 하지만 그 일을 권할 사항도 아니고 해서 걱정이 되어 나왔다는 것이다. 성 경험은 없다는 아들의 단호한 말에 엄마는 일단 안심을 했다고 한다. 그런데 그 후의 반응이 재밌다. 아들의 '방송 불가'의 야설을 MC들이 읽어주자 뛰어난 문장력에 방청객들이 놀라워하는 것이다. 내용과 표현이 '방송 불가'다 보니 시청자는 들을 수 없었지만, 방청객의 반응만으로 충분히 알 수 있었다.

심지어는 반 농담으로 이 분야에서 대성하겠다는 말까지 나왔을 정도였으니까. 그럴수록 엄마의 걱정은 더 커지는 것이었다. 아이의 말을 들어보니 생각이 있는 아이였다.

야설로 성공하겠다는 것이 아니라 친구들이 잘 썼다고 칭찬하고 팬(?)층이 두텁다 보니 책임감 때문에 쓴다는 것이다. 나중에 글 쓰는 작가가 되고 싶은 것은 맞지만 이런 글로 성공하고 싶지는 않다는 것이다. 대다수 방청객은 아들의 상황이 그다지 심각한 상황이 아니라고 결론을 내렸고, 엄마도 조금은(?) 안심을 한 상황에서 TV 프로는 끝났다.

웃기는 이야기일지 모른다. 앞에서 나오는 팬픽이라는 것도 이것과 크게 다르지 않다. 팬과 픽션의 합성어인데 자신이 좋아하는 아이돌 멤버를 주인공으로 연애소설을 쓴다고 생각하면 쉽다. 중고생 자녀를 둔 엄마세대라면 기억할 할리퀸로맨스 수준의 연애소설로 생각해도 좋다. 이것에 열중해 있던 아이가 이번 수능에 만점을 맞았단다. 글은 다 통하나 보다. 내가 만화책을 읽어도 좋다고 하면 많은 부모님은 설마~한다. 그러나 사실이다. 글을 읽는다는 행위 자체가 지식이 문자화된 것을 내 것으로 만드는 과정이다. 난 충분히 가능하다고 본다. 특히 수능시험에서 긴 지문을 이해하는데 분명히 큰 도움이 된다.

아이들이 공부한다는 행위, 그리고 성공한다는 것을 꼭 공부와 명문대라는 틀에 넣지 않는다면 지금 우리 아이가 하는 행동도 공부일 것이다. 그리고 이것이 더 큰 성공을 가져오는 밑거름이 될지 누가 알겠는가? 야설을 쓰는 그 아이, 충분히 언어영역 만점 받을 수 있다는 추측도 해본다.

여우같이 준비해라

입시 제도를 잘 살펴보면 뜻밖에 모든 과목을 잘해야만 할 필요가 없다는 것을 알 게 된다. 그리고 과목 중에 유난히 집중해야 할 과목이 있다는 것도 알 수 있다.

현재 아이들이 속해 있는 '2009 개정교육과정'을 살펴보면 다음과 같다. '2009 개정교육과정'은 현재 모든 학생이 속해 있는 교육과정이다. 이제 곧 개정교육과정이 또 발표될 것이다. 그것만 찾아서 보강하라.

나머지 과목은 선생님을 존중하고 예의를 지킨다는 마음으로 학교수업을 듣는 것만으로도 충분하다.

교육정책 변화를 너무 두려워하지 마라.

정권이 바뀔 때 저학년 학부모들은 경제면을 먼저 본다. 그러나 입시가 코앞인 고등학생을 둔 학부모는 사회, 교육 면을 먼저 본다. '발등의 떨어진 불'이기 때문이다. 우리나라 교육정책은 그 어떤 분야 정책보다 변화무쌍하다고 본다. 아이가 잘되기를 바라는 학부모의 관심이 너무도 커서 표심에 영향을 주기 때문이다. 그러다 보니 '교육 백년지대계'라는 말이 무색하다. 교육이 5년마다 정권에 따라 바뀐다는 자조의 말이다. 오죽하면 사교육업계에서까지 '5년짜리 대충 만든 계획'이라는 말을 하겠는가. 100년을 내다보고 큰 계획을 세운다는 목표는 구호에 불과한지 오래다. 혹자는 세상에서 제일 변덕스러운 게 대한민국의 교육정책이라 한다. 하지만 너무 두려워하지 말라고 당부하고 싶다. 그래 봐야 **'국 · 영 · 수 중요!'** 아이들의 꿈을 살린다는 취지는 항상 같기 때문이다. 예상했듯이 새 정부가 들어서 자마자 교육정책에는 많은 변화가 시작되었다.

2013년 1월, 교육과학기술부의 대통령직인수위원회 보고에서 대입제도 간소화 계획과 자유 학기제, 선행학습금지 등 파격적인 교육안이 중점적으로 다뤄졌다.

그 내용을 조금씩 알고 가자.

선행학습금지

선행학습 금지법 정식명칭 공교육 정상화 촉진 특별법은 학교에서 배운 내용에서 벗어난 시험문제의 출제를 금지하며 선행 학습을 유발하는 시험을 낸 대학이나 초·중·고교에 대해 행정 처분하겠다는 것이다. 정부는 올 상반기 중에 이 법을 입법화하겠다고 한다.

학생들의 교육과정의 성취도를 평가하기 위한 시험이 아닌 사교육을 통해 누가 더 빨리 많이 알아왔는지를 확인하려는 이 병폐를 늦게나마 시정하려고 하는 것은 바람직하다고 본다. 선행학습이 문제인 것은 교과서 밖에서 시험 문항이 출제되어서가 아니다. 이 책 초반에 '언제부터인가 초등학교 문제가 고등학교 문제만큼 어려워졌다.'고 문제 제기를 했었다. '그 연령대 학생에게 요구되는 정상적인 역량을 넘어서는 수준의 문항이 출제'되는 것, 그 이유로 사교육을 받는 것을 당연하다고 느끼는 그것이 문제의 본질이다.

지금이라도 이러한 문제들을 보완하려고 하는 움직임이 있어서 반갑다.

대입전형의 간소화, 단순화

꼭 필요한 사항이었다고 해도 과언이 아니다. 실제로 대입전형은 너무하다 싶을 정도로 복잡했다. 지난 9월 국회 교육과학기술위원회 소속 민병주 의원이 교육과학기술부에서 받은 '전국 4년제 대입전형 유형 현황'에 따르면 대입전형은 총 3,184개나 된다. 학생들이 지원하는 횟수가 수시 6회, 정시 3회니 입시제도 자체가 '입시컨설턴트'라는 새로운 직업이 생길 수밖에 없는 구조이고 제아무리 입시전문가여도 3,184개나 되는 전형을 다 외운다는 것은 불가능하다고 본다. 이런 상황에 더하여 대학들이 해마다 조금씩 내용을 바꾸고 있다.

이뿐만이 아니다. 대학입시를 치러본 부모들이 공통으로 하는 말이 전형료 지출이 너무 많다는 것이다. 수험생들이 부담해야 할 전형료는 수시모집 6회와 정시모집 3회가 기본이다. 이 같은 기본 시험만 치른다 해도 대입전형료는 수수료 5,000원을 포함에 4~8만 원이다. 학생 한 명이 부담하는 한 해 전형료를 계산해 보면 36~72만 원이다. 여기에 수시모집이나 전문대 전형까지 볼 경우엔 100만 원이 훌쩍 넘어버린다. 전형료가 부모를 힘들게 한다면 학교마다 제각각인 원서, 자기소개서, 교사추천서는 수험생이나 학교 선생님을 지치게 한다. 최소한 9번을 그렇게 해야 한다. 현장에 있는 선생님의 경우를 보자. 한 반에 35명의 아이가 있다. 그 수고가 어느 정도인지 예상이 되는가?

35명×9 (수시6, 정시3 / 원서 / 자기소개서 / 교사추천서) = 315

```
■ 대입전형 단순화 ■

전국 4년제
대입전형
유형
총 3184개
                    ● 수시전형
                          ┌ 생활기록부전형
                       4개 ├ 입학사정관제전형
                          ├ 논술전형
                          └ 실기전형 (예체능)

                    ● 정시전형
                       2개 ┌ 수능전형 (인문,자연)
                          └ 실기전형 (예체능)
```

이게 현실이다! 그러다 보니 원서를 쓰다가 학생과 교사, 학부모가 다투는 일도 비일비재했다. 그런 이유로 정부에서는 영국처럼 원서 1장으로 여러 대학에 지원 할 수 있는 공통원서 접수 시스템, 즉 '한국형UCAS시스템'을 도입하겠다고 한다. 교사와 학부모, 대학들이 모두 공통원서접수 시스템의 도입을 반기는 분위기다. 공통원서접수 시스템이란 원서접수 시스템 안에서 단순화된 전형 유형을 수험생이 고르게 하는 방식을 통해 공통원서 하나로 여러 대학에 지원하게 하는 것을 말한다. 설문조사결과 학부모 94%, 대학 60%가 이 제도의 도입을 찬성했다고 하니 얼마나 목마른 제도였나 싶다. 오랜만에 맘에 드는 정책이라는 생각이 들었다.

지원 횟수는 수시 6회, 정시 3회로 변화가 없다. 단지 모집하는 전형방법을 줄인다는 것이다.

중학교 자유학기제

최근 박근혜정부는 대선 당시 핵심공약이기도 했던 '자유 학기제 도입'을 발표했다. 2013년부터 시험적으로 시행, 2016년부터는 전면 시행한다. 한 학기 동안 필기시험 없이 독서 및 예체능, 진로체험 등

자치활동과 체험 중심의 교육을 통해 학생들에게 창의성을 키우고 진로 탐색의 기회를 갖게 해주자는 취지다. 하지만 성공하기까지는 절대 쉽지 않을 것이다.

이는 역대 어떤 정권에서도 시행하지 못했던 엄청난 교육실험이어서 잡음도 많을 것이기 때문이다. 당장 시행을 앞둔 학교에서는 프로그램이 없다. 교사는 매뉴얼도, 교안도 없는 백지상태에서 아이들을 지도해야 한다. 학교 당국이나 교사로서는 한 학기 동안 뭘 해야 할지 큰 고민이 아닐 수 없을 것이다.

현장의 준비가 전혀 갖춰지지 않은 갑작스러운 정책으로 자칫 교육 당국과 현장이 완전히 따로 노는 상황이 될 수도 있다. 무엇보다 교육 당국과 현장이 하나가 되어 지혜를 모으는 노력이 필요하다.

필자가 개인적으로 걱정이 되는 것은 중 1에 시행하겠다는 것이다. 무엇보다 사춘기 시기와 맞닿아 있고 직업이 무엇인지 모르는 아이들에게 마냥 많은 것을 경험해보고 진로를 정해봐라 하는 것은 때 이른 성급한 판단으로 아이들을 다시 한 번 위험에 빠트릴 수 있다고 본다. 만일 처음 취지대로 제대로만 시행되면 더없이 좋을 것을 시기를 잘못 선택함으로써 아이들에게 독이 되는 상황은 만들지 말아야 한다.

필자의 경험에 비추어 의견을 조심스레 제시해 보자면 가장 좋은 시기는 중학교 3학년 2학기라 생각한다. 이제 막 사춘기를 벗어나 세상을 긍정적인 눈으로 보면서 새로운 목적의식을 갖게 되는 시기이다. 이 시기에 자유 학기제를 시행하면 좋은 결과를 많이 낳을 수 있다고 본다. 중3과 고1의 모습은 확연히 다른데 이것은 고3과 대학 1학년생을 놓고 볼 때 비교되는 성숙도와 비슷하다. 그러나 초등학교 6학년과 중학교 1학년은 별 차이가 없다. 사춘기 때문에 반항심이 강해지고 공부가 지겨워지기 시작하는 시기에 다른 것을 맛본다는 것은 자칫 공부를 포기하라는 이야기로 들릴 수 있다.

책상 앞에서보다 실제 현장에서 경험하는 것이 더 재미있기 때문이다. 실제로 미술학원에 오는 중학생들이 그림만 그리려는 경향을 보여 난감할 때가 많다. 부모도 걱정이다.

공부는 안 하고 그림만 재미있다고 하니 재능을 일찍 찾은 것은 기쁘지만 너무 빠져들어 공부를 뒷전으로 하는 것이 못내 걱정이다. 이럴 때 실기를 본격적으로 준비해서 예술 고등학교에 보내라는 학원선생님의 '추임새'만 있으면 부모는 아무것도 모르고 아이를 '미술'이라는 편중된 공간에 넣어버린다. 이렇듯 학생의 좁은 시야와 자녀의 미래를 염려하는 부모의 조바심은 상술에 이용당하기 쉽다. 아이의 미래를 찾았다는 안도감에 아이를 위해서 돈을 써도 만족스럽기 때문이다.

필자도 그렇게 하면 돈을 버는 줄은 알고 있다. 하지만 그렇게 하지 않는다. 입시정보 면에서 약자인 부모에게 올바른 정보를 전달해야 한다는 내 나름의 교육철학 때문이다.

중학교 시기는 아이에게 미래를 결정해야 하는 시기가 아니라 선택의 과정과 공부를 적당히 해야 할 시기이기 때문이다. 나는 미술을 시키고 싶다는 중학생 부모님에게 주 2일 2시간이면 적당하다고 권장한다.

단, 순수회화계열〈회화, 조소, 동양화 등〉을 원하면 중학교부터 미리 준비해서 예술 고등학교에 가는 것이 효과적이지만 디자인계열의 경우엔 조금 더 여유를 가지고 미래를 결정해도 늦지 않다.

자유 학기제가 성공하려면 취지에 맞게 학교와 학생이 참여와 체험을 스스로 이끌어낼 수 있어야 한다. 내가 무엇을 좋아하고 잘할 수 있는지, 스스로 찾아보고 계획하고 체험하는 시간이어야 한다.

결국, 학교현장의 노력과 아이들을 공부하는 기계로만 보지 않고 하나의 성장하고 있는 인격체로 보는 학부모의 의식전환에 달렸지 않을까 싶다. 초등학교부터 고교까지 이어지는 숨 막히는 입시지옥에서 아이에게 한 학기만이라도 숨통을 터주자는 정부의 취지를 이해 못 해도 좋다. 적어도 이 시기를 내 아이의 성적을 더 올릴 기회로 이용하려는 나쁜 의도만은 없었으면 한다.

수준별 수능 A형, B형 폐지?

2014학년도 입시생은 이전 입시생보다 한 가지 더 새로운 고민을 해야 한다. '쉬운 수능'을 선택할 것인가 '어려운 수능'을 선택할 것인가?

교육부에서는 계열별로 공부부담을 덜어 준다는 취지로 기존 수능 난이도로 출제한 것을 'B형', 그보다 조금 쉽게 출제한 수능을 'A형'이라 하여 수능을 이원화했다.

그래서 가칭 '쉬운 수능 A형', '어려운 수능 B형'으로 불린다. 학생은 지원하는 학교별, 계열별로 수능 시험지를 골라서 시험 준비를 해야 하기에 각 대학은 미리 자신의 대학에서는 어떤 것으로 볼 것인지를 발표했다. 그러나 당초 교육부의 의지와는 달리 대학들은 높은 지원율과 우수한 학생들을 모집하려는 목적으로 A, B형 두 가지를 다 반영한다면서 오히려 B형 시험지를 선택한 학생들에게 가산점을 주겠다고 했다.

이것을 예상한 듯 사교육 기관들은 B형 시험지를 겨냥한 수업만을 개설했다. 그리고 학생들도 어느 대학을 가야 할지 모르는 상황에서 일단 어려운 것부터 준비하려는 움직임을 보이자 A형 수능은 외면당하고 있다. 심지어 예체능계열의 일부 학교조차 B형 시험지를 택하는 상황이 되고 보니 수능을 난이도에 따라 두 단계로 나눈 취지가 무색해진 것이다. 처음엔 계열별로 학생의 공부부담을 덜어주려는 좋은 취지였으나 시작 전부터 더욱 복잡한 상황으로 꼬여버린 것이다.

시행, 유보논란은 수능제도의 신뢰성을 훼손할 수 있어 절대 수용할 수 없다는 입장을 재확인했다지만 주요사립대나 학생, 일선에서 지도하는 교사까지 이 제도는 '아니다.'라는 반응이어서 2015학년도에도 이 제도가 계속되리라는 보장이 없다. 필자의 견해로는 이 제도가 올 한해로 끝나지 않을까 싶다. 무슨 정책이 1년하고 끝나느냐고 물을 수 있다. 그러나 실제 이런 경우도 있었다.

2004년도에 수능시험이 처음 시작되면서 한해 2회를 실시하는 제도를 도입했다. 두 번의 시험 중 잘 본 성적으로 대학에 응시하게 하자는 취지였다. 그러나 결과적으로 비용만 가중시키고 학생의 부담만 키워 기껏 한해 실시하고 폐지되었다.

지금 상황으로 간다면 결국 이번 제도도 시작이자 끝이 될 가능성이 크다.

그러나 이번에도 그냥 넘겨서는 안 될 소중한 진리(?) 하나를 우리에게 가르쳐준다. **'입시의 큰 틀은 변하지 않는다!'**는 것이다. 변하고자 해도 덩치가 너무나 커서 변하기 어렵다. 그러므로 현재 공교육에서 실시하는 교육과정에 충실하자. 그것이 입시라는 혼돈에서 벗어날 수 있는 변함없는 진리이자 해답이다.

수시냐 정시냐

내신 성적에 자신 있다면 수시모집을, 그렇지 못하다면 정시모집을 노려라.

수시모집은 고3 여름방학에 원서를 접수해서 11월 수능시험 점수가 나오는 시점에 합격자를 발표한다. 경우에 따라 면접이나 자기소개서 등 다른 서류를 제출해야 하는 것이 특징이다. 전형에 따라 다르지만 수능 최저등급기준을 제시해서 수능성적까지 좋아야 하는 경우도 많다. 미대는 수시모집에서 실기 100%와 실기대회 우수자를 선발하는 특기자 전형도 있고 다른 예체능학과도 이 같은 전형이 있다. 단, 학교별로 수능 최저등급을 제시하는 학교가 있으니 전형별로 꼼꼼히 체크해야 한다.

정시모집은 수시모집이 끝나는 시점에 시작된다. 수능점수를 중심으로 합격자를 선발하기 때문에 수능점수에 특히 신경을 써야 한

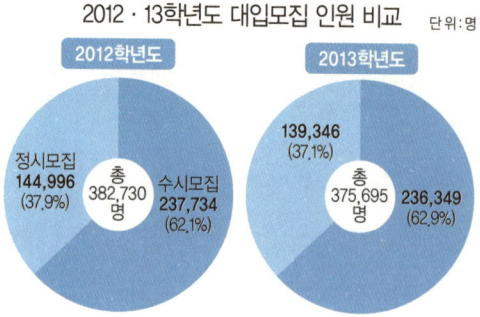

다. 내신 성적이 상대적으로 취약한 특목고나 강남, 목동 지역의 학생들이 노리는 전형이므로 이 또한 만만하게 볼 수 없다.

현재 수시전형 개수만 2,500여 개다. 단순화한다지만 우수한 학생을 먼저 선발하려는 대학들의 욕심은 그렇지 못하다. 이 모든 것을 다 안다는 것은 이미 입시컨설팅 사무실을 하나 내도 될 수준이다. 모든 것을 다 안다고 너무 거기에 맞춰 준비하다 보면 정작 아이가 가고자 하는 길에서 벗어나 겉보기에 쉬워 보이는 다른 길로 데려다 놓을 수 있다. 이것은 잘못된 선택이다. 아이의 장점을 먼저 키워서 그 장점에 맞는 학교를 선택하라고 권하고 싶다.

입학사정관제 알고는 있자.

입시제도의 가장 큰 변화는 바로 입학사정관제의 도입일거다.

대입전형의 선진화를 위한 제도이다. 입학사정관을 통하여 내신 성적과 수능점수만으로 평가할 수 없는 잠재능력과 소질, 가능성 등을 다각적으로 평가하고 판단하여 각 대학의 인재상이나 모집단위

참된 인재발굴을 위한 새로운 대입제도, 입학사정관제

대교협 홈페이지 발췌

입학사정관제는 대입 전형의 선진화를 위한 제도입니다.
입학사정관을 통하여 내신성적과 수능점수만으로 평가할 수 없었던
잠재능력과 소질, 가능성 등을 다각적으로 평가하고 판단하여 각 대학의 인재상이나
모집단위 특성에 맞는 신입생을 선발하는 제도입니다.

의 특성에 맞게 신입생을 선발하겠다는 점에서 의도 자체는 좋다.

홍익대 미술대학에서도 단계적으로 입학사정관 제도를 확대실시했는데 주요 내용을 살펴보자. 실기시험 대신 고등학교 재학 중에 어떤 미술활동을 했는지를 묻는 '미술활동보고서'와 이를 바탕으로 한 면접이 주요 전형이다.

미술대학에서 실기시험 없이 선발한 학생들이 어느 정도의 성과를 낼지는 이 학생들이 졸업할 즈음 알게 될 테지만 혼선이 많은 것만은 사실이다. 이런 상황에서 서울대 미술대학이 정반대로 실기에 더 비중을 두고 3단계에 걸쳐 실기전형을 한 것은 정말 아이러니다.

저자의 경우, 미술학원의 원생들과 딸을 홍익대에 보내려고 준비를 하면서 과연 이 제도가 사교육의 도움 없이 성공할까라는 의구심을 가졌던 게 한두 번이 아니다. 특히 활동보고서 내에 비교과미술활동의 경우 고1부터 차근차근 준비하지 않으면 10개의 항목을 모두 채운다는 것 자체가 불가능하다.

고1부터 준비한 그런 학생을 선발하겠다는 게 대학의 의지라지만,

현재 우리나라의 고등학교 미술수업이 그것을 뒷받침하지 못하는 실정이다. 결국, 이 같은 제도는 보여주기 위한 전시행정의 일부라고 판단할 수밖에 없다. 여기에 발맞춰 학생이 원하는 대학을 보내기 위해 노력한 선생님들의 노고를 높게 사고 싶다.

2013년에는 전년도보다 입학사정관제 모집인원을 늘렸다.(아래 표 참조) 점점 확대 실시 할 것처럼 말은 하지만 '정부의 지원금이 끊기는 상황'과 실제 '입학사정관제를 준비하는 과정에서 발생하는 사교육의 문제'가 변수다. 저자의 생각에는 새로운 정권 아래에서 계속 유지되기는 어렵다고 보기에 그냥 참고만 하라고 권하고 싶다.

2012, 2013학년도 입학사정관제 모집인원 비교

학년도	수시 모집		정시모집		총
	대학(개)	학생수(명)	대학(개)	학생수(명)	학생수(명)
2013	121	40,912	24	2,226	43,138
2012	120	32,851	22	9,312	42,163

대학 수는 줄어든다. 그러나 예체능은 늘어난다.

최근 부실대학을 순차적으로 정리하면서 대학의 수와 모집인원이 현저히 줄었다. 하지만 반대로 예체능계열 모집인원은 늘고 있다. 시대가 원하는 인재가 달라졌기 때문이 아닐까 싶다.

재수를 두려워하지 마라

어차피 진짜 경쟁자는 새로 힘을 충전한 재수생이다. 이건 부모의 결정이 아니고 아이가 결정하는 사항이다. 면죄부니 뭐니 이게 아니고 아이가 선택한 하나의 결정이다. 그것도 원하는 대학에 갈 자신이 있어서 하겠다는데 경제적인 상황을 핑계로 말릴 이유는 없다. 실제 한 학기 대학등록금이면 아이가 재수할 수 있는 금전은 충분하다. 단, 아주 비싼 기숙학원은 제외하고 말이다.

고3 아이들의 경쟁자가 동급생이 아니라는 사실은 아이나 부모에게 큰 부담으로 다가오지만, 대부분의 부모는 "그래도…"라는 마음으로 재수생의 존재를 마음 속에서 일단 정리한다. 하지만 실제 수능 응시생 중 20% 정도가 재수생이다.

주요 상위권 대학 합격생 절반 이상이 재수생이라는 것을 생각하면 재수는 필수라는 것을 인정하지 않을 수 없다. 아이들을 가르치다 보면 고등학교 3년 동안 철없이 놀다가 이를 실감하지 못하고 수능을 치른 뒤에야 뒤늦게 깨닫는 경우도 뜻밖에 많다. 그러니 어찌 보면 차라리 고등학교가 4학년까지 있다고 보고 편하게 지켜보는 것도 하나의 방법이다.

대학에 합격해서 다니다가 재수 (흔한 말로 '반수')를 하겠다고 돌아오는 아이들도 많다. 성공에 대한 욕심이 생겼다는 증거와 철이 들었다는 증거로 봐도 무방하다. 애들은 결국 시간이 지나면 다 철이 든다는 하나의 증거인 셈이다. 부모가 서두르기보다는 뒤에서 천천히 기다리면서 지켜보면 아이는 성장을 해서 결국 자기 갈 길을 알아서 선택한다.

내신은 용의 꼬리보다는 뱀의 몸통이 낫다.

잘하는 애들 사이에 끼워 놓으면 분위기 때문에 잘하게 된다고 주장하는 분들이 많다. 난 이렇게 말하고 싶다. 냉정하게 판단하라.
100명이 있으면 그 중 우리 아이가 과연 어디에서 들러리를 할 것인가?
우리 딸과 비슷한 수능점수로 내신 때문에 결국 학교를 대폭 낮춰 쓸 수밖에 없었던 지인이 있다. 집이 목동이었다.

2009~2011년은 특목고 외국어고의 세상이었다.
- '서울대' 특목고 비율 '매년 상승. "특목고 혜택 입시 바꿔야!"
  2009.10.21 프레시안
- 과학고 출신 서울대 합격급증 2010.03.14 서울신문
- 특목고 출신 서울대 합격자 늘어 2011.01.31 서울경제

이러한 상황이라면 부모들이 특목고, 과학고에 혈안이 될 수밖에 없다. 그러나 이런 기사들이 2011년부터 바뀌기 시작한다.

- 서울대 수시특기자전형, 외고 3.7%줄고 일반고 5%늘고
  2011.12.10 서울신문
- 과학고, 서울대 합격자 크게 줄어 2012.12.07 한국일보
- 서울대 수시일반전형 일반고 합격자 비율 56%로 증가
  2012.12.07 연합뉴스

이유는 정부가 뒤늦게 이것을 눈치를 채기 시작하면서 2011년부터 전형방법이 자유로운 수시모집의 모집인원을 대폭 늘리고 내신을 대폭 반영하도록 유도했다. 그래서 이 같은 상황이 만들어지게 된 것이다. 내신이라 함은 결국 고등학교 내에서의 순위인데 공부를 잘하는 학교에 갈수록 불리하다는 것이다.

'외고, 최상위권 학생 많지만, 서울대는 그만큼 못 보내'

2010.4.22자 동아일보 헤드라인의 지적처럼 실제 공부 잘하는 아이들끼리 모이면 결국 그 안에서 순위가 매겨지기 때문에 내신에서는 불리할 수밖에 없다.

대학입시는 초·중·고 교육의 목표지점이다. 초·중·고 교육이 대학입시 때문에 존재한다 해도 과언이 아니다. 그렇기에 정책이 바뀌면 민감하게 움직여야 하는 것이 사실이다. 이것을 잘 이용한 것이 사교육이다. 누구보다도 발 빠르게 움직일 수 있는 노하우와 기동력을 가지고 있기 때문이다. 그렇기 때문에 첫 경험을 하는 학부모는 당

하든지 아니면 사교육에 기대야 했다. 결국 공교육무력화도 이것에 기인한다고 볼 수 있다. 사교육만큼 발 빠르게 움직이기엔 처해진 환경에서 변화할 수 없는 것들이 너무 많기 때문이다.

결국 지금 같은 결과가 나온 것이다. 이것이 언제까지 지속된다는 것은 누구도 알 수 없다. 그러나 적어도 서민을 위한 정부라면 기본적인 것은 지켜줘야 하지 않을까 싶다. 빠른 변화는 정보가 늦은 사람들, 즉 약자에게는 불리하니까.

지금까지는 뭘 하든지 어쩔 수 없이 해야 하는 공부에 대한 최소한의 힌트였을 뿐이다. 공부에는 왕도가 없다고 하지 않던가. 결국 혼자서 찾아가야 하는 어려운 길인 것이다. 이것이 반쯤 채워질 수밖에 없는 '물'인 이유다.

그럼 이제부터 물의 수위를 올려줄 다른 무엇 '콩'을 찾아서 가 보자.

chapter
07
'콩'과 '팥' 이야기

세상은 변화하고 있다. 필요한 사람들이 달라지고 있다.

무시당하는 E.Q

개성이 강한 아이 만들기.

너무 늦지 않았을까?

'콩'과 '팥' 이야기.

난 콩? 아님 팥?

행복을 만들어 줘라.

욕심을 낮추자.

chapter 07

'콩'과 '팥' 이야기

세상은 변화하고 있다.
필요한 사람들이 달라지고 있다.

상전벽해桑田碧海 뽕나무밭이 푸른 바다로 변한다는 뜻가 절로 실감이 날 만큼 세상은 변했고 지금도 빠른 속도로 계속 변화하고 있다. 전화기의 발전 속도를 보라. 기술의 진화가 세상을 얼마나 빠르게 변화시키고 있는지 충분히 느낄 수 있을 것이다.

내 기억으로는 1990년대 초에 휴대전화기가 나왔었다. 어쩌다가 그 당시 영화를 보게 되면 깜짝 놀란다. 전화기의 크기가 정말 어마어마하다. 심지어 그것 때문에 영화에 몰입이 안 된다. 심각한 장면인데도 자꾸 웃음이 나온다.

그 당시 휴대폰은 부富의 상징이었다. 일반 서민은 삐삐라는 호출기에 번호가 찍히면 공중전화나 유선전화로 연락을 했다. 그러다 개인용 공중전화라는 '시티폰'이 나왔다. PCS personal communication service라는 개인 휴대폰이 대중화되면서 바로 시장에서 사라졌지만 그래도 이름만은 남아있다. 그때가 1997년 IMF 국제통화기금 시기였던 것 같다. 그 후부터는 약정기간 24개월이 길게 느껴질 만큼 새로운 휴대폰이 속속 등장했다. 그리고 지금은 스마트 폰 smart phone 시대로 바뀌었다. 휴대폰은 이제 단순히 전화기가 아니라 휴대용컴퓨터가 된 것이다.

이 글을 10년 후에 읽게 된다면 우스운 상황이 될 거라는 것을 알면서도 쓴다. 그만큼 세상이 많이 달라졌다는 것을 말하고 싶었던 것이다.

직업도 마찬가지다. 판도가 완전히 달라졌다. 판사·변호사·의사라면 정말 엄청난 돈을 버는 직업으로 알려졌었다. 그들의 배우자가 되려면 적어도 열쇠 몇 개는 준비해야 했는데 최근 상황은 그렇지 못하다고들 한숨을 쉰다.

그래도 5년 후 유망한 직업에 올라 있다. 이게 뭔가? 판검사가 유망직업에 올랐다는 것은 앞으로 법적으로 해결해야 할 문제는 계속 많을 거라는 거다. 그리고 치과의사는 우리 사회가 평균연령이 높아지면서 노령화로 가면 임플란트는 기본일 테니 당연히 고소득이 보장될 것이다. 부모들은 공부를 잘해야 저런 직업, 즉 돈을 잘 버는 직업을 갖는 줄로 알게 된다. 하지만 세상에 돈을 잘 버는 직업이 어디 그 직업뿐이겠는가?

나는 내 아이가 의사나 판검사가 되는 것을 원하지 않는다.

나는 우리 아이들의 직업으로 가장 기피하고 싶은 직업을 의사로 꼽았다. 그리고 판검사다. 우리아이 공부능력이 안 되는 이유도 있다. 그러나 그것보다도 내 아이가 작은 공간에서 하루 종일 몸이 아프다는 사람만 만난다고 생각해 보라. 부모로서 정말 가슴 아플 것 같다.

나 역시 병원에 가서 의사선생님께 아프다는 말만 했지 '선생님 때문에 깨끗하게 나았어요.' 라는 말을 해본 적이 없다. 그리고 법조인은 매일 나쁜 짓을 한 사람들과 맞닥뜨리다보니 세상이 험악하게만 느껴질 것 같다.

우리가 사는 세상은 적어도 따뜻한 사람, 즉 법이 필요 없는 사람들이 더 많은데 그런 사람은 검사 판사 변호사 앞에 서지 않을 것이다. 환자와 범죄자만 상대해야 하는 일상 속에서 묵묵히 자신의 맡은 일에 충실한 그분들이 사실은 존경스럽다. 사명감이 없이는 직무를 잘 감당할 수 없다는 점에서 더더욱 그렇다.

하지만 우리 아이가 판검사나 의사가 되는 것은 원하지 않는다. 행복한 직업은 아닐 거 같다는 생각에서다.

난 우리 아이가 공부를 못해도 행복하게 해주고 싶다. 세상에는 어렵고 힘들게 공부해야 할 수 있는 직업만 있는 것이 아니다. 공부를 못했어도 일하면서 행복을 느낄 수 있는 직업은 찾아보면 많다. 적어도 내 아이는 돈은 크게 못 벌어도 일을 하면서 행복을 느낄 수 있는 직업을 가졌으면 좋겠다.

지나치게 이기적인가? 그럼 그 직업을 선택하라고 강요하면서 공부하라는 엄마는 이기적이지 않은 것인가? 정말 이기적인 사람은 바로 자신의 욕망을 자녀를 통해 채우려는 부모가 아닐까? 누가 그러더라.

"그렇게 좋으면 엄마가 직접 해보세요. 45살이면 아직 젊네! 공부 충분히 하겠네!" 오죽하면 그러겠는가?

시대에 따라 선호하는 직업도 바뀐다.

단국대학교 화학공학과를 나와 아이들 과외를 짬짬이 하는 같은 아파트 사는 엄마와 차를 한잔할 기회가 생겼다. 고등학교 때 이과였고 공부를 제법 잘했다. 고3 때 진로상담에서 담임선생님은 식품영양학을 권했으나 그녀는 맘에 안 들었다고 했다. 그래서 본인의 의지대로 화학공학과를 선택했는데 지금 와서는 그 선생님 말씀을 들을 걸 하고 후회했다.

학교에 방과 후 교사로 나가는데 급식실에 근무하는 식품영양사가 무척 부러웠다고 했다. 지금 생각해 보니 고3 때 담임선생님께서 선견지명이 있으셨던 것 같다며 웃었다. 선호하는 직업은 10년도 안 돼서 변한다. 의사나 판검사가 앞으로도 인기 있는 직업이 될지는 두고 봐야 할 일이다.

요즘 나오는 모든 제품은 기능이 거기서 거기다. 특히 품질에서도 크게 차이가 없어서 디자인을 보고 고르는 것이 보편적이다. 그래서 같은 기능의 물건들이 다양하게 시중에 나오는 것이다.

이 모양을 누가 다 고안하는가? 내지는 눈에 보이는 모든 것들.

TV, 동영상, 뮤직비디오, 출판물, 공연, 홍보, 빌보드 등등 눈에 보이는 모든 것들은 디자이너들의 머리에서 고안되고 실현되어 나오는 것이다. 심지어 기아의 K5를 디자인한 '피터 슈라이어'라는 디자이너가 기아의 사장이 되지 않았던가? 그만큼 디자인이라는 것이 중요하다는 것이다.

스티브 잡스의 경우도 기술에 맞추는 디자인이 아닌 디자인에 기술을 맞추라 했다고 한다. 이것이 손에 들어가는 스마트폰이 세상에 나오게 하고 모든 산업이 여기에 맞춰 다시 줄 서게 한 것이다. 비단 미술 분야만 그런 것은 아니다.

'한류'를 들자면 모두가 동감할 것이다. 1990년대 같았으면 어린 우리 아이가 가수가 되겠다면 부모들이 오냐 했을까. "딴따라" 그땐 이렇게 불렀다.

"딴따라"를 자처했던 '싸이'를 보라. 반기문 UN사무총장이 '이젠 세계에서 가장 유명한 한국인이 당신이다.'라며 인정했다지 않는가?

스포츠는 또 어떠한가? 류현진선수가 360억에 LA다저스와 계약을 했다. 피겨, 골프, 양궁, 핸드볼, 야구, 쇼트트랙 등등 올림픽 선수단이 입장할 때 보면 우리나라가 정말 왜소하다는 것을 또다시 느낀다. 그러나 폐막식에서는 스포츠 강국 대한민국을 보게 된다.

'자동차, 의류의 세계명품브랜드 회사에 수석디자이너가 한국인이다.'라는 기사는 이제 크게 주목받지도 못할 만큼 보편화되고 있다.

난 이렇게 말한다. 한반도에 살고 있는 우리 민족이 지금처럼 세계 문화를 점령했던 적이 있었던가? 이젠 공부만하는 그런 세상은 아니라는 것이다. 지금의 예체능 분야는 백수 생산 공장이 아닌 실질적인 직업을 찾는 분야다.

무시당하는 E.Q

I.Q ^{지능지수}가 마치 아이 공부수준의 바로미터인 것처럼 여겨지던 때 갑자기 E.Q라는 단어가 나왔다. 그런데 어느 날 E.Q가 사라졌다.

E.Q란 무엇인가?

감성지수 emotional quotient 는 지능지수 intelligence quotient 에 대비되는 개념으로, '마음의

지능지수'라고도 한다. 미국의 행동심리학자인 대니얼 골먼이 창시했는데, '인간의 총명함을 결정하는 것은 IQ가 아니라 EQ'라고 제창해 커다란 반향을 불러일으켰다.

- 거짓 없는 자기의 느낌을 솔직하게 인정하고 마음으로부터 납득할 수 있는 판단을 내리는 능력.
- 불안이나 분노 등에 대한 충동을 조절할 수 있는 능력.
- 궁지에 몰렸을 때에도 자기 자신에게 힘을 북돋아주고 낙관적인 생각을 유지할 수 있는 능력.
- 남을 배려하고 공감할 수 있는 능력.
- 집단 속에서 조화와 협조를 중시하는 사회적 능력 등을 일컫는다.

이 이야기를 쉽게 풀어놓은 '두산 동아 초등공식 블로그 엄마들과 함께 해요!' 라는 블로그에 올라온 TIP을 살펴보자.

1. 자신의 감정 표현에 솔직하여 내면의 감정을 억압하지 않는다.
2. 충동적이지 않고 욕구의 만족을 나중으로 미룰 수 있다.
3. 실패를 두려워하지 않고 항상 도전하는 모습을 보인다.
4. 다른 사람들의 말을 귀 기울여 듣고 이해와 공감하는 태도를 보인다.
5. 또래의 친구들과 잘 사귀며 적당한 대화와 타협으로 갈등을 해결할 줄 안다.

이런 것을 다 갖췄다면 정말 멋진 아이다. 그러나 돌려서 생각해 보면 감성적인 것에 전혀 충실하지 않는 아이가 공부만 잘하는 것이 무슨 의미가 있겠는가 싶다.

학창시절 공부는 못하지만 성격이 좋아 친구들에게 인정받았던 친구가 커서 성공한 모습을 보고 '공부 잘해봤자 소용없더라.' 라는 말을 한다. 바로 그런 친구가 E.Q가 높은 경우다. 지적인 능력보다는 감성적인 능력, 사람이 사회생활을 하는데 있어서 사실 이보다 더 중요한 것이 있을까?

그런데 어느 순간부터인가 이 단어가 사라졌다. 왜일까?

정서교육의 중요성은 알지만 '그건 기본이고 나중에'라는 생각으로 눈앞에 보이는 성적만 중요하게 여기는 부모들과 그것에 부합하려는 교육 때문이다. 감성을 키워주는 예체능, 즉 음악, 미술, 체육 이런 교육은 이미 성적표에서 밀려난 지 오래다. 이유는 사교육 때문이라고 했다.

처음 사교육의 문제를 화두에 올릴 당시엔 미술학원, 피아노, 바이올린, 태권도 같은 예체능 과목을 점수화해서 쓸데없이 사교육비가 지출된다며 이것을 없애자고 했다. 그러나 지금은 어떤가? 지금의 사교육은 국·영·수, 즉 공교육의 핵심 과목이 심화학습의 형태가 되어 공교육마저 흔들고 있다. 결국 감성도, 교육도 모두 잃어버리는 상황이 만들어진 것이다. 예체능 과목 시간에 부족한 국·영·수 보충 수업을 하는 학교가 더 좋은 학교처럼 얘기되는 이런 말도 안 되는 교육환경에서 감성지수를 논하는 그 자체가 더 아이러니할 것이다.

이러한 교육 현실 때문에 E.Q가 높은 아이는 뒷전으로 밀려나 고민하고 있는지도 모르겠다. 학창시절 급우들과 잘 융화하던 친구가 사회에 나와 성공한 경우를 보라. 우리 아이가 어른이 되어 사회생활을 할 때 E.Q의 역할이 얼마나 중요한지 다시 돌아보게 될 것이다.

개성이 강한 아이 만들기

한류를 이끄는 아이들이 만들어진 시대, 김대중 정권. 김대중 정부는 입시경쟁을 해결하기 위해 한마디로 '한 가지만 잘하면 대학 간다.'는 정책을 내 놓았다. 결과적으로 '실패한 정책,' '이해찬 세대' 등등 여러 이유로 비난을 받고 있다. 하지만 무슨 일이든 '공'과 '과'는 공존한다. 난 '공' 부분만 이야기 하고 싶다. 그러니 내가 그 정권의 편이라는 오해는 없기를 바란다.

한류의 시발점이 된 시대를 이야기하고 싶다. 2012년 한 해, 아니 하반기에 불어 닥친 싸이의 열풍은 가히 핵탄두급이었다.

난데없이 뮤직비디오 하나로 세계를 제패하는 이 상황을 난 '한 가지만 잘하면 대학 간다.'와 연결해서 생각해 보고 싶다. 싸이, 나이 올해 36세 1977년생 김대중 정권의 7차 교육과정에서 공부한 세대다. '바둑만 잘 둬도 대학 간다.'는 이야기를 하던 그때, 난 싸이를 잘 몰라서 싸이가 입시를 어떻게 준비했는지는 모른다. 그러나 적어도, 싸이가 춤과 노래에 열광할 수 있었던 것을 조금은 이해해줄 수 있는 사회적 분위기가 만들어지진 않았을까?

그리고 같은 세대인 동방신기, 신화 등등 아이돌 그룹이 중학생 시절이었을 테니까 어쩌면 지금의 한류문화는 그때부터 만들어지기 시작했을 것이다. 부모의 선견지명이었을까? 아이의 선택이었을까.

난 아이의 선택을 부모가 이해해 줄 수 있는 사회 환경을 정책이 마련해 준 것으로 생각한다. 만일 학력고사세대처럼 연예인은 딴따라라는 고루한 생각에 잡혀있었다고 가정해보자. 과연 우리에게 한류스타들의 활약을 내 자식의 성공처럼 뿌듯한 얼굴로 지켜볼 수 있었을까?

요즈음 오디션프로그램이 지나칠 정도로 난무하는 것이 조금은 걱정스럽지만 결국 이것도 한때의 흐름처럼 지나갈 것이라 생각한다. 그래도 출연자들의 열정만은 정말 높게 사주고 싶다. 그러한 도전정신이 앞으로 우리사회의 발전에 분명히 크게 기여할거라 믿는다. 더불어 아이들의 개성을 존중해주는 우리 사회의 문화가 더욱 성숙해지기를 바래본다.

시대별 인기 직업					
1950년대	1960년대	1970년대	1980년대	1990년대	2000년대
군 장교	택시운전사	트로트 가수	증권·금융인	프로그래머	공인회계사
의사	자동차엔지니어	건설기술자	반도체엔지니어	벤처기업가	국제회의 전문가
영화배우	다방 DJ	무역업 종사자	야구선수	웹마스터	커플매니저
권투선수	은행원	화공엔지니어	탤런트	펀드매니저	사회복지사
타이피스트	교사	기계엔지니어	드라마프로듀서	외환딜러	IT컨설턴트
의상디자이너	전자제품기술자	비행기 조종사	광고기획자	가수	인테리어디자이너
서커스 단원	가발기술자	대기업 직원	카피라이터	연예인 코디네이터	한의사
공무원	섬유엔지니어	노무사	선박엔지니어	경영컨설턴트	호텔지배인
전화교환원	버스안내양	항공 여승무원	통역사	M&A전문가	프로게이머
전차운전사	방송업계 종사자	전당포 업자	외교관	공무원	생명공학연구원

*주 : 인기 직업은 김병숙 경기대 교수의 저서 '한국직업발달사', 이중구 경희대 교수의 논문 '한국직업변천사', 김준성 직업평론가의 의견을 참조

*매일경제신문의 직업전문가가 꼽은 유망직업이라는 기사를 참조한 내용입니다. 이 유망직업 순위는 직업전문가 22명이 심층 토론을 통해 급여수준, 직업 안정성, 직무발전성을 기준으로 선별한 내용입니다.

너무 늦지 않았을까?

신규상담을 오는 부모나 학생이 항상 묻는 말이다. 예고를 간 것도 아니고 그림준비를 해 온 것도 아닌데 미술대학에 가기에는 너무 늦은 거 아니냐는 것이다. 고3이라면 '좀 늦긴 했어요.'라고 답하지만

사실 고3 초에 시작하더라도 입시준비가 가능하다. 이렇게 비유할 수 있다. 미술실기시험이 집을 짓는 것이라면 고3 때 시작하면 급한 대로 모델하우스를 짓도록 하는 것이다. 즉 집은 아니지만 모델하우스도 나름대로 그럴듯해 보이기 때문에 시험장에 가서 충분히 합격할 수는 있다는 것이다. 그렇지만 모델하우스는 모델하우스 일 수밖에 없는 법. 결국, 부실공사라는 것이다.

그럼 제대로 집을 지어서 갈 수 있는 시기는? 고1부터가 적당하다. 차근차근 성적과 그림, 그리고 입학사정관제를 염두에 두고 있다면 학교 내신관리까지 세 가지 다 충분히 준비할 수 있기 때문이다. 입학사정관제 준비가 아니라면 고2 때 준비해도 충분히 가능하다.

예고를 가야만 미술대학에 가는 줄 알고 오는 부모들, 전공을 미리 정하고 중학교 때부터 준비해서 예고를 가는 학생도 많다. 그러나 우리나라의 입시제도는 일반고 학생들도 준비하면 충분히 미술대학에 갈 수 있도록 운영하고 있다. 이것은 미술뿐만 아니라 음대, 체대도 마찬가지다.

재능 유무도 많은 질문 중 하나이다. 순수계열 즉 회화, 조소, 동양화의 경우는 관심과 재능의 유무에 많은 영향을 받는다. 한마디로 '끼'라는 것이 필요하다. 재미있어하지 않으면 대학은 들어간다 해도 나중에 힘들어서 포기할 가능성이 크다. 하지만 디자인 계열은 인문이나 자연 계열과 비슷하다. 전공수업을 진행하기 위한 기본적인 조형능력 습득 여부를 테스트하기 때문에 직접적인 수업은 대학에서 이루어진다. 재능이 있는 아이를 에스컬레이터에 비유한다. 혹 늦게 시작한다 해도 다른 아이들을 다 따라잡을 만큼 빠른 속도로 습득하기 때문이다.

공부도 천재가 보통 아이보다 훨씬 더 빨리 습득하는데 디자인도 같은 경우다. 점수도 아이의 학습능력에 따라 다르듯이 아이의 재능도 '많다. 없다'가 아닌 정도의 차이가 있을 뿐이다.

재능이 많으면 좋겠지만, 자신의 재능만 믿고 열심히 안 하는 아이보다는 재능은 덜해도 꾸준히 노력하는 아이가 성공하는 예가 실제로 더 많다.

최근 만화, 무대디자인, 메이크업 등 이 시대가 요구하는 새로운 학과들이 대학에서 하나 둘 개설되고 있다. 관심만 있다면 늦게라도 준비해서 갈수 있고, 고등학교 재학 중에 결심만하면 사교육의 도움을 받아 언제든지 준비할 수 있다. 이것 또한 비단 미술관련 대학만이 아니고 음악, 체육도 마찬가지다.

늦었다는 핑계로 아이의 기회를 박탈하지 말자. 지금이라도 아이가 변화를 추구한다면 기회를 주는 것이 제대로 된 면죄부를 받을 기회이다. 아이 스스로 진로를 찾아 선택한 지금 이 순간이 바로 가장 적당한 때인 것이다.

'진료는 의사에게 약은 약사에게' 처방을 받듯이 나는 미술의 경우만 이야기하는 것이니 다른 분야의 경우엔 꼭 전문가에게 상담을 받으시길 권한다.

'콩'과 '팥' 이야기

Case1.

고졸인 아버지와 중졸인 어머니 사이에 태어난 두 아들 이야기다. 큰애는 강남 학군 내에서 성적이 항상 상위 다섯 손가락 안에 들어가는 수재였다. 민족사관 고등학교, 카이스트를 수석 입학하여 졸업 후 대기업에 들어갔고, 둘째는 형만큼은 아니어도 전교 1등 자리를 항상 지킨 수재였다. 얼마나 행복한 부모인가?

수재소리를 듣는 특별한 두 아들, 그러나 부모님은 소규모 자영업을 운영하던 평범한 소시민이다. 그런데 어떻게 두 아들을 그렇게 뛰어난 수재로 키울 수 있었을까?

평소 과묵했던 아버지는 일을 마치고 귀가하면 항상 책을 즐겨 읽었고, 아이들은 어려서부터 그런 아버지를 보며 자랐다. 학교에 들어가서는 귀가하면 무조건 책상에 앉아 공부하는 게 지극히 당연하다고 여겼다. 두 아이는 어려서부터 자발적으로 공부하는 습관을 들였고 그것을 지극히 당연하게 받아드린 점. 주변 사람들은 그것이 바로 두 아이를 수재로 만든 비결이라고 굳게 믿고 있다고 했다.

난 이 이야기를 들려준 분에게 이렇게 말했다. 이 실화가 사람 여럿 잡았겠다고. 분명히 이 이야기를 전해 들은 엄마나 아빠는 평소 하지도 않던 독서를 흉내 내면서 아이에게 공부를 강요했겠고, 잘 따라오지 못하는 아이를 얼마나 구박했겠는가? 결국, 가정불화의 원천을 제공하는 이런 이야기를 난 정말 싫어한다.

　콩 심은 데 콩 나고 팥 심은 데 팥 나는 것이다. 수재 아이들의 아빠가 책을 안 읽고 매일 술을 마시고 행패를 부렸어도 그 아이들은 공부를 잘했을 거라고 나는 믿는다. 그땐 아마 일간신문의 사회면에 대서특필했을 거다. 이런 열악한 환경에서도 이런 수재가 나왔다고 말이다. 그 아버지는 분명 가정형편이 어려워 대학을 못 갔을 뿐, 형편이 돼서 맘 잡고 공부했었다면 틀림없이 공부를 잘했을 것이다.

　이런 이야기들은 얼마나 많은 집의 가정불화를 일으키는지 모른다. 본인들은 의도하지 않았지만 전달하는 목적에 따라 정말 나쁜 결과를 가져올 수 있는 것이다. 아이에게 괜히 그런 수재집안과 비교하면서 공부를 강요하지 말자. 내가 수재가 아니라면 괜히 이런 이야기 어디서 주워듣고 엉뚱하게 아이나 남편 잡지들 마시길.

　이 부모들이 의도해서 아이들을 수재로 만든 것은 분명 아니었을 것이다. 만약에 누군가의 교육 방법을 쫓아서 아이들을 공부시켰더라면 실패했을 수도 있을 것이다. 교육은 부모의 인품에 의해 저절로 이루어지는 것이다. 그래서 콩과 팥을 거론하는 것이다.

　나는 '바담 풍' 할 터이니 너는 '바람 풍'을 해라?

　나는 팥이지만 넌 콩이어야 한다. 세상에 이런 논리가 어디 있단 말인가! 그러면서도 아이에게 강요한다면 이건 제대로 된 생각은 아니다. 어쩌면 내 아이의 지금의 모습이 최선일지도 모른다. 지금까지 내가 가진 것으로 만들 수 있는 수준. 그러나 이 이야기에서 부정할 수 없는 진실이 있다. 적어도 술 먹는 아버지보다는 책 읽는 아버지가 훨씬 아이 교육에는 좋다는 것이다.

이쯤에서 나를 한 번 돌아봐야 할 것이다. 나는 과연 아이 교육에 좋은 부모인가? 그럼 결론이 조금씩 나지 않는가?

내가 변해야 아이도 변한다.

나는 학창시절 공부를 잘했고 집에서 책도 읽는 모범적인 부모인데 아이가 그렇다면 뭐 할 말은 없지만…, 쩝! 그렇다면 기다려 보시길. 이제 두 번째 케이스에 반대되는 이야기를 할 테니….

CASE. 2

주류배달로 생계를 이어가던 집안의 2남 1녀 중 막내로 태어난 남자가 있다. 형과 누나는 집안 형편 때문에 고등학교만 졸업했다. 그러나 막내인 이 남자는 그런 상황에도 고집을 피웠는지 그래도 미대를 갔다. 유명대학도 아닌 지방대에 간 이 남자는 대학수업이 맘에 안 들어 중퇴하고 백수로 3, 4년을 지냈다. 철딱서니 없이 어려운 형편에 미대 보내줬더니 집에서 놀고 있다고 친척들이나 부모님께 얼마나 욕을 먹었을까. 그러다가 덜컥 혈액암에 걸리고 말았다. 3년여간 투병생활까지 하니 부모님의 걱정이 이만저만이 아니었을 것이다.

그리고 반전이 시작된다.

이런저런 일들을 겪으며 시간은 흘러 나이가 32세가 되던 해, 지인의 소개로 게임회사의 작은 용역 일을 하게 되었는데 여기서 실력을 인정받게 되었다. 난다 긴다는 일러스트작가들이 활동하는 인터넷 카페 '방배동 사람들'에서 유명해진 그는 지금 연봉 1억 원을 넘게 받는 고수익자가 되었다. 지금쯤 백수 시절 걱정해주는 척 잔소리하던 친척들은 아마도 이 남자 칭찬에 침이 마를 것이다. 이 이야기를 같이 듣고 있던 지인이 그런다.

'산삼을 도라지라고 알았던 거지'

난 또다시 강조한다.

'콩 심은 데 콩 나고 팥 심은 데 팥 난다.'

부모님은 가정형편이 어려워 본인이 콩인지도 모르는 상태에서 살았을 것이다. 그러나 부모님에게 잠재되어있던 재능이 막내아들에게 유전되어 꽃피운 것으로 생각한다. 어쩌면 어려운 형편에서도 아들을 미대에 보내주신 것은 본인이 이루지 못한 꿈이 있었기 때문은 아니었을지 추측도 해본다. 사실 내 주위에 그런 사람들이 아주 많다. 이 남자의 누나는 자수공예를 직업으로 삼을 만큼 손재주가 뛰어나다고 한다. 비록 가정형편으로 부모님은 자신의 재능을 발견도 못 한 체 살아왔지만, 자식의 대에서는 꽃을 피워 결국 '콩 심은데 콩 나고 팥 심은데 팥 난다'는 결과를 증명한 셈이다. 교육법은 어설프게 흉내를 내서는 안 된다.

난 콩? 아님 팥?

내가 콩인지 팥인지 먼저 파악하는 것이 중요하다. 내가 콩인데 아이에게 팥을 강요한다면 처음에는 팥처럼 흉내를 낼지언정 결국은 콩의 모습을 보일 것이다.

나는 어떤 학생이었는지 먼저 돌아볼 필요가 있다. 우리 아이가 시작된 곳이 바로 나이기 때문이다. 초등학교, 중학교, 고등학교 짚어 보니 신기하게도 나의 모습이 그곳에 있지 않은가? 인정할 것은 인정해야 우리 아이를 읽을 수 있다.

내가 콩인지 팥인지 알아야 우리 아이도 콩이든 팥이든 바른 방향을 찾아 줄 수 있는 거 아니겠는가? 간혹 보이지 않는 돌연변이 유전자를 타고난 아이도 있으니 이 경우엔 대화로 풀어나가기 바란다.

그리고 기다려봐라. 지금 공부 못한다고 구박하는 내 아이가 콩에서 나온 돌연변이 '산삼'일지도 모른다. 단지 지금 모습으로 아이를 단정 짓고 채근한다거나 포기한다거나 하지 말라는 것이다. 때를 아직 못 만났을 뿐이다. 어느 순간 당신의 좋은 면이 그 아이에게서 나타나는 순간이 분명 올 것이다. 그런 아이에게 공부만 하라고 강요하면 그 순간은 더 멀어지고 결국 나타나지 않을 수도 있다는 거. 부모 때문에 그런 일이 벌어진다면? 생각만 해도 무섭지 않은가!

우리는 학교에서 1+1을 이해하지 못해 쫓겨나 엄마에게 교육을 받은 에디슨 일화를 많이 이야기한다. 그리고 옆집 엄친아 이야기도 알고 있다. 내 자식에게 적용하는 교육법은 어떤 것인가?

　당당하게 '난 에디슨'을 말하고 싶지만 많은 엄마가 우물쭈물하고 있을 것이다. 아마도 옆집 엄친아 흉내를 내고 있을 테니 말이다. 내 아들은 에디슨 과라 말할 수 있다. 다른 엄마들도 그럴 거다. 우리 아들은 '00도감.' '00을 알려 주마' 등등 지식과 상식에 관한 책을 좋아하는데 인터넷으로 그런 것을 유심히 보고 배운 뒤에 나에게 항상 전달해 준다. 그런 녀석의 성적이 반 평균을 깎아 먹는 하위권이다. 그렇다고 맨 날 놀기만 하는 것도 아니다. 내가 보기엔 그냥 다른 애들이 잘하는 것이다.

　그런 녀석이 간혹 수학문제 앞에서 징징거릴 때가 있다. 숙제는 무슨 일이 있어도 꼭 하는 것이 내 교육법인데 숙제가 어려웠던 모양이다. 틀린 문제 유형을 2개 더 찾아서 써오라는 숙제인데 유형을 찾으려면 문제에 대한 정확한 분석과 이해가 있어야 할 터, 하지만 아들 녀석은 이것부터 안 되니 당연히 숙제를 못 하는 게 정상이다. 이때쯤이면 나에게 의뢰(?)가 들어온다.

　어떤 때는 정말 한심할 정도로 모를 때가 있다. 특히 분수, 소수 단원이 나오자 아주 근본적인 것부터 모르고 있었다는 생각에 선생님이 원망스러웠다. 그리고 이토록 어렵게 설명해 놓은 교과서 저자를 찾아가서 한바탕 하고 싶었다. 그러나 어찌 개인이 국가를 상대로 싸울 시간적 여유가 있단 말인가. 그래 차라리 내가 직접 하자. 아들을 끼고 분수, 소수를 가르쳤다. 피자를 시켜 나누는 방법부터 누나

랑 싸워야 하는 이유까지 거론하면서 가르쳐 주자 우리 아들이 그
런다.
"와 엄마 천재다!"
엄마를 칭찬해서 다시 써먹을 줄 아는 이 녀석은 절대 바보가 아니
라고 나는 믿는다.

행복을 만들어 줘라.

앞에서 제대로 된 면죄부를 받으라고 했다. 이제 그것을 실천할 때
이다. 아이가 콩이든 팥이든 땅에 심어져야 싹이 나오는 것이다.
행복이라는 땅 위에 자라야만 콩도 팥도 건강하게 많은 열매를 맺
을 수 있다.
게임, 노래, 춤, 그림, 운동, 아니면 공부를 정말 좋아하는 아이라면
스스로 잘할 수 있는 것으로 채울 수 있도록 그것을 찾는 시간을 주고

너무 성급하게 판단하지 않는 게 중요하다. 아직 어리니까 가변적이라는 것만 인정하고 기다려준다면 아이는 결코 엄마를 실망하게 하지 않을 것이다.

공부를 정말 잘하는 아이를 물이 가득찬 물 컵에 비유한다면 우리 아이는 지금 얼마만큼의 물이 채워져 있을까?

chapter
08
콩 찾기

프롤로그.

'미술'이라는 콩을 채운 아이들 이야기.

내가 만난 아이들.

포기는 왜 하는가?

그래도 성적 올려 좋은 대학을 가고 싶다?

부모는 포기할 즈음 아이의 말을 들어준다.

chapter 08

콩찾기

프롤로그 (다시 반복)

　부처님의 가르침은 마다하고 놀기만 좋아하는 동자승이 있었다. 어느 날 주지스님은 외출을 하시면서 동자승을 불렀다. 주지 스님은 마루에 물이 반쯤 채워진 컵을 내놓으시고는 "컵에 물을 가득 채워 놓으면 이제 일도 안 시키고 놀게만 해 주겠다."고 하셨다. 동자승은 좋아서 팔짝팔짝 뛰었다.
　"대신 물은 저기 앞마을의 우물에서 떠와야 한다."
　"그리고, 바가지나 그릇을 사용해선 안 된다."
　동자승은 생각했다.
　"까짓 그것쯤이야. 벌써 반이나 채워졌는데 뭘."
　그러나 막상 컵에 물을 채우려니 문제가 생겼다. 20분 거리에 있는 우물에서 손에 담아 오는 물은 도중에 흘러내리거나 말라버렸다. 몇 번을 반복했지만, 결과는 같았다. 손에 가득 담으면 담을수록 세어버리고 그나마 남아 있는 물도 오는 사이에 말라 버렸던 것이다.

동자승은 점점 지쳐갔다. 울상을 짓던 얼굴에 어느새 눈물이 볼을 타고 흘러내렸다. 그때 지나가던 노인이 동자승에게 물었다.

"왜 울고 계시나?"

"물을 채워야 하는데 안 채워져요. 스님이 곧 돌아오실 텐데…. 엉엉"

울먹이던 동자승은 이내 울음보를 터뜨렸다. 노인은 어찌 된 사연인지 금세 알아채고는 주머니에서 무언가를 꺼냈다. 콩이었다.

"스님이 컵에 물 대신 다른 걸 넣으면 안 된다고 하셨나요?"

"아뇨. 바가지나 그릇을 쓰면 안 된다고만 하셨어요."

"그럼 이걸 넣어도 되겠네요!"

노인은 빙그레 웃으며 콩 한 줌을 컵에 넣어주었다. 콩이 들어가자 컵의 물이 위로 차올랐다.

해질 무렵, 외출했던 주지 스님이 돌아오셨다. 스님은 물컵에 콩이 든 것을 보시고는 아무 말씀이 없으셨다. 다음날, 동자승은 콩이 조금 불어난 것을 보고 놀랐다. 그리고 며칠 후 불었던 콩에서 싹이 나오기 시작했다.

동자승은 싹이 난 콩을 땅에 심었다. 그랬더니 콩의 싹은 하루가 다르게 쑥쑥 자라났다. 동자승은 콩이 커가는 모습을 지켜보고 돌보는 즐거움에 노는 것을 잊었다.

이제 여러분은 이 동화가 무엇을 말하는지 다 이해했을 것이다. 이 빈 곳을 채우기 위해 많은 엄마는 학원에 보내든지 과외를 시키든지

아니면 죽도록 아이들을 집에 가둬놓고 공부를 시키고 있을 것이다. 그러나 필자가 오랜 시간 아이들 특히 중하위권 아이들을 지켜본 결과 공부는 아이마다 한계점이 있다. 만일 그렇지 않다면, 공부하는 만큼 성적이 오른다면, 정말 재수, 삼수를 넘어 십 수를 해서라도 모두 서울대에 갈 수 있을 것이다. 그러나 뜻밖에 재수할 때는 조금 오른 점수가 삼수 때부터는 뒷걸음친다는 것을 필자는 많은 아이를 지켜봐서 잘 알고 있다. 아마 이것은 교육계에 계시는 분들이라면 누구나 인정하실 것이다.

"부족한 점수 채우기"

그 이유는 바로 아이마다 담을 수 있는 물의 양이 다르다는 것이다. 모자람에 대해서는 논란의 여지가 많으므로 더 거론하지는 않는다. 난 단지 관심이 다른 차이라고 생각한다. 모자라는 그 자리를 난 다른 것으로 컵을 가득 채우라고 권하고 싶다.

공부학원에 아이들을 보내면서 매달 면죄부를 받더라도 이왕이면 제대로 된 면죄부를 받으라는 것이다. 지긋지긋해서 하기 싫은 공부를 또 하라고 등 떠밀어 보내면 어느 아이가 좋아하겠는가? 그리고 학원도 공부 잘하는 아이만 챙길 수밖에 없다. 그것이 안타깝게도 우리의 현실이다.

그러니 아이는 학원에서도 딴생각에 골몰할 수밖에 없다. 어른들도 하기 싫은 거 자꾸 하라면 짜증을 낼 거다. 그러면서 아이들에게는 강요한다.

학창시절로 다시 돌아가면 열심히 공부할 거라고 말하는 부모들이 있다. 천만의 말씀이다. 결국, 다시 돌아가도 열심히 안 할 거라고 난 장담한다.

당신도 지금 하기 싫은 일은 안 하고 있지 않은가? 아이들에게 공부하는 것은 어른들이 돈 버는 것과 같다면 조금 이해가 될는지?

공부도 잘하는 아이와 못하는 아이가 나뉘듯이 돈도 마찬가지다. 열심히 노력하는데도 불구하고 뜻대로 돈이 벌리지 않고 모아지지도 않는 것처럼 아이들도 마찬가지다. 노력하지만 성적이 오르지 않고 이런 일이 반복되다 보니 패배감에 젖어 포기하게 되는 것이다.

어른들도 돈벌이가 시원치 않으면 이직이나 업종을 바꾸는 걸로 다른 돌파구를 찾지 않는가? 아이들도 공부만 하는 것에서 새로운 것, 즉 예체능으로 공부가 부족한 부분을 찾아 주는 것이 현명한 방법이다.

누가 그런다. 공부하는 것이 제일 쉬웠다고. 그건 단지 그 사람의 이야기 일 뿐이다. 흔히 앞에서 이야기했던 엄친아, 엄친 딸이 될 수 있었던 아이가 가정형편 때문에 학업을 중단하고 생활전선에 뛰어들었다. 돈을 벌기위해 막노동을 하다가 하고 싶고 좋아했던 공부를 다시하게 되니 얼마나 쉬웠겠는가. 그러나 모든 사람이 일보다 공부가 쉽다는 주장에 공감할 수는 없을 것이다.

공부가 체질상 맞지 않는 사람의 경우엔 차라리 돈 버는 일이 쉽다고 여길 수도 있을 것이다. 그러므로 아이에게 '이렇게 쉬운 공부를 못하다니…'라며 윽박지른다면 그 부모는 정말 바보다. 만약 서울대학교를 나와서 취직을 못하고 돈도 못 버는 사람에게서 '공부가 제일 쉬웠어요.'라는 말을 들었다고 하자. 정말 내 아이에게 공부가 제일 쉽다며 공부만 하라고 강요할 수 있겠는가? 정말 그 말이 나올 수 있을까?

나 편한 데로 내게 이로운 데로 가져다 붙이는 말들로 인해서 우리 아이들이 얼마나 공부를 강요당하는지 느꼈으면 한다. 가령 콩이라든가 팥이라든가 아님 우유도 좋다. 왜 꼭 물만 채우려고 하는가?

공부만이 최선이라고 생각하는 것, 그것은 부모의 착각이다.

열심히 노력하는데도 불구하고 뜻대로 돈이 벌리지 않고 모이지도 않는 것처럼 아이들도 마찬가지다. 노력하지만 성적이 오르지 않고 이런 일이 반복되다 보니 패배감에 젖어 포기하게 되는 것이다.

어른들도 돈벌이가 시원치 않으면 이직이나 업종을 바꾸는 걸로 다른 돌파구를 찾지 않는가? 아이들도 공부만 하는 것에서 새로운 것, 즉 예체능으로 공부가 부족한 부분을 찾아 주는 것이 현명한 방법이다.

나 편한 대로 내게 이로운 데로 가져다 붙이는 말들 때문에 우리 아이들이 얼마나 공부를 강요당하는지 느꼈으면 한다. 가령 콩이라든가 팥이라든가 아니면 우유도 좋다. 왜 꼭 물만 채우려고 하는가?

공부만이 최선이라고 생각하는 것, 그것은 부모의 착각이다.

'미술'이라는 콩을 채운 아이들 이야기

　미술을 하는 아이 중에는 학업성적이 뛰어난 아이들도 제법 있다. 디자이너라는 직업이 전문직으로 인정을 받으면서 순수미술을 탈피한 지 오래되었기 때문이다. 솔직히 아직은 미대에 가는 아이들 성적이 인문계열이나 자연계열보다 현저히 떨어지는 건 사실이다. 그러나 대학에 들어가기만 하면 인기가 치솟는다. 졸업하고 나면 더더욱 그렇다. 이 아이들은 학교에선 천덕꾸러기다. 공부를 못하니 그렇다. 하지만 매사에 성실하고 감수성이 뛰어나며 인간성도 좋다. 상상력이나 창의력 또한 뛰어나다. 학업성적 외에는 어디 하나 부족하지 않은 아이들이다. 단지 성적 하나만 뒤처질 뿐이다. 오직 성적만으로 서열을 매기는 학교에서 즉 담임선생님에게만 천덕꾸러기일 뿐이다.
　천덕꾸러기 아이들이 대학에 들어가서 공부하고 졸업하면 어느덧 드라마나 영화에 멋진 직업으로 가장 많이 나오는 디자이너나 화가가 되어있다. 이런 아이들의 부모님에게 나는 박수를 쳐 주고 싶다.

　"적어도 어머니는 다른 어머니랑 다르세요!"

　우리 학원에서 만나는 아이들은 표정이 참 밝다. 지방에서 미술학원을 운영하는 한 원장님이 그런다.
　"공부학원이 아니라 참 행복해요. 수학학원만 해도 그렇잖아요. 수학을 못하는 아이가 하기 싫은 수학과목을 배우러 오니 얼마나 학원에 오는 게 싫겠어요. 그런 아이를 가르치는 것은 더 힘들 거예요. 근데 미술학원은 그런 면에서 참 좋아요. 미술학원에 오는 아이들은 미술이 좋아서 오는 아이들이잖아요."

난 그 말을 듣고 왜 우리 학원 아이들의 표정이 밝았는지 그 이유를 알았다. 그리고 내가 정말 행복한 사람이라는 것도 새삼 깨달았다.

우리 학원에 다닌 아이 중에는 정신력이 약한 아이들도 있다. 때론 주의력 결핍증. 우울증 등 정신과 의사가 아니어서 진단을 내리지는 못하지만 우린 이 아이들을 '오타쿠 _한 분야에 열중하는 마니아보다 더욱 파고들어 심취하는 사람._ 또는 '오덕후어딘가에 깊이 빠져있는 폐인들을 지칭하는 말, '오타쿠'라는 말이 우리나라에서 변형 된 것'라고 대놓고 부른다. 그것을 본인들도 인정한다. 이상한 애라는 표현보다 훨씬 받아들이기 좋기 때문이다. 사회적으로 공인된 단어이기도 하거니와 그런 애들이 많기 때문이기도 하다. 그런 아이를 데려오는 부모님은 참 미안해한다. 맡겨도 되는지 여러 번 물어보신다.

한번은 아버지가 고1인 아들을 데리고 오셨는데 인상착의부터 어디가 아픈 아이처럼 보였다. 아니나 다를까, 아이는 불면증으로 고생하고 있는데다 그 이유로 학교에 적응을 못 하고 있다는 것이다. 그나마 만화를 좋아해서 그림을 그려보면 어떨까 해서 데리고 오셨단다. 그렇게 해서 학원에 다니게 된 아이는 표정도 밝아졌고 이젠 배시시 웃기까지 한다. 한때 병원에 입원한 적도 있었는데 그때도 퇴원하자마자 학원부터 나가고 싶어 했다는 것이다. 이 아이에게 그림을 도피처이자 치료제였던 것이다. 불면증에 시달리는 아들에게 그 어떤 것도 치료제가 될 수 없을 때, 아들이 가장 좋아하는 것을 찾아서 할 수 있게 해주신 아버지에게서 자식에 대한 깊은 사랑을 느끼게 된다.

이런 경우는 1년에 1건 이상 있는 일이라 그다지 새로운 일도 아니다. 심지어 부모님 입장에서 대학진학은 바라지도 못했는데 입시의 관문을 통과해서 당당히 대학생이 된다. 부모님으로서도 참 이해 안 되는 상황들이 미술학원에서는 벌어진다. 과연 이러한 원인은 무엇일까?

그것은 바로 소통이다. 학교 선생님들과 달리 미술학원 선생님들과의 대화 내용은 부담 없고 친근해서 가볍다. 학업에 대한 부담이나 친구와의 갈등문제 등 때론 욕도 하면서 가슴에 쌓인 것들을 하나하나 털어 낸다. 손으로 그림을 그리면서도 입으로는 이야기를 얼마든지 할 수 있기 때문이다. 마치 부업 하는 아줌마들이 작업하면서 수다를 떠는 것과 같을 것이다. 그러면서 아이들은 서서히 치유되어간다. 그리고 치유가 되어가는 과정에서 공부해야만 하는 이유를 스스로 만들어 간다.

"아, 대학에 가야겠다."

누가 시켜서가 아니라 스스로 확고한 목적의식을 갖는 것이다.

내가 만난 아이들

내가 만나는 아이들은 모자란 성적을 채워서 미대 가려는 아이들, 그림은 하고 싶은데 집에서 반대하던 아이들, 엄마 손에 끌려 온 아이들, 먼저 철든 아이들이다. 이제 그 아이들의 이야기를 하려고 한다.

의심하는 엄마

상담을 마친 담당선생님의 표정은 오늘도 별로 밝지가 않다. 아이는 확신에 차 있는데 어머니는 오늘도 불신의 연속이다. 수능성적이 떨어졌으니 오죽하겠는가 싶다. 미나^{가명}는 인천의 공립 고등학교에서 중위권의 성적을 가진 아이다.

세상에 대해 항상 비관적인 생각을 하는 아이였는데 원인은 엄마였다. 엄마의 성격이 비관적이다 보니 딸이 그 영향을 그대로 받았던 것이다. 그래도 대학을 가야겠다는 생각으로 미술을 시작한 경우였다. 평소 미나의 어머니는 "2~3등급의 아이들도 기껏해야 충청권 지방대에 간다. 실기가 좋다고 해서 4등급짜리가 수도권에 있는 대학을 무슨 재주로 가느냐."며 미술 하는 것을 반대한 경우였다.

딸이 미술을 시작하고 나서도 노골적으로 학원에 대한 불신을 드러내며 선생님과 아이의 사기를 꺾어놓기 일쑤였다. 평소 모의고사는 4등급 정도 맞는 아이였는데 수능시험을 보고나니 가채점이 4.5등급 정도가 나왔다.

미술 하는 것을 못마땅하게 여기던 어머니였으니 성적표를 받아들고 어떤 반응을 보였겠는가? 당장에 미술학원을 그만두라고 했다는 것이다. 반면에 미대 진학이라는 목표의식이 확고했던 아이도 물러서지 않고 단식투쟁으로 맞섰다. 자식 이기는 부모 없다는 말이 있다.

아이가 단식투쟁을 한 지 일주일이 지나자 결국, 어머니가 두 손, 두 발 다 들고 다시 학원을 찾아오신 거다. 선생님과 나눈 대화내용도 아이 뜻이 워낙 완강해서 시키겠다는 마지못한 허락이었으니 상담한 선생님의 표정이 좋을 리가 없다. 단식투쟁까지 벌이며 학원에 다시 나오게 된 아이는…, 어떻게 되었을까? 결국 수도권 대학 두 곳에 붙어 그 중 집과 가까운 학교를 골라서 갔다. 결과는 해피앤딩이 되었고 어머니도 엄청나게 좋아하셨다. 어머니는 그제 서야 학원에서 하는 말이 모두 사실이라고 인정하셨다.

제일기획 강유진 가명

대학입시가 끝난 후 유진이의 어머니가 학원에 찾아오셨다. 아이 3수 때문이었다. 유진이의 가장 큰 문제는 게으름이었다. 동생은 빠릿빠릿한데 언니인 이 아이는 느릿느릿하다고 어머니의 한숨에 땅이 꺼진다. 대학입시에 실패한 것이야 당연했다. 열심히 하려는 의지 자체가 없었기 때문이다. 대학에 실패하자 어머니는 유진에게 빵집 아르바이트를 시켰다. 생활태도가 좀 달라질까 해서였다. 그러나 이 아이의 게으름은 전혀 나아지지 않았고 결국 재수를 했다. 그러나 또 실패. 하지만 3수인 이번엔 뭔가 좀 달라진 느낌이었다. 그것은 열심히 해야겠다는 본인의 의지였다. 예전과 달리 언니로서 고3 아이들을 챙겨주는 따뜻한 모습도 보였다. 확실히 예전과 정신상태가 달라진 그 아이는 당당히 상명대 무대디자인 과에 합격을 했다. 2012년 봄, 학원의 엘리베이터에서 그 아이를 다시 만났다.

"어머 유진아!"

"선생님 저 제일기획에 취직했어요!"

그렇게 게으르다고 어머니 애를 태우던 그 아이가 국내 최고의 디자인기획사에 입사해서 인사를 드리고자 학원을 찾아온 것이었다.

게임에 중독된 문제아

어느 날 학원에 웬 청년이 찾아왔다.

"선생님 저 준수 가명 인데요…."

아, 그래. 준수! 준수는 4년 전에 우리학원을 다녔던 원생이었다.

게임중독 때문에 입시도 포기했던 준수가 군대를 다녀오고 나서 다시 입시를 준비하기 위해 학원을 찾아온 것이다.
　이제 게임중독에 빠져있던 준수의 모습은 더는 찾아볼 수 없었다. 후배들이 심리적으로 많이 흔들릴 때면 풍부한 경험을 토대로 든든하게 잡아주는 믿음직스러운 선배가 되어 있었다. 변한 이유가 뭔지 궁금해서 물었다.
　고3 때 공부도 싫고 학원에서 그림 그리는 것조차 싫었던 준수는 어느 날 친구들과 게임을 시작하게 되었다. 4년 전 그 당시에는 아이템을 모아서 사고파는 온라인 게임이 유행하던 시기였다. 학교에서도 공부는 제쳐놓고 오로지 게임 할 생각만 가득했고 귀가해서 게임을 시작하면 잠들기 전까지 계속했다. 주말엔 온종일 했단다. 그러니 학원에 오기 싫은 것은 당연했다. 준수의 부모님은 학원 선생님들과 게임중독문제로 수없이 많은 상담을 하셨다.
　학원에서 퇴원도 시켜보고 다시 들여서 설득도 해봤지만, 해결이 되지 않았다. 준수의 말로는 당시 그 게임의 전국 7위가 바로 자신이었다고 했다. 급기야 부모님께서 쓰러지시는 사태가 벌어졌다. 충격을 받은 준수는 그 일로 게임에서 손을 놓게 되었다. 하지만 준비된 것이 없었으니 대학을 가기엔 이미 늦은 상태였다.
　진로문제를 놓고 고민하던 준수는 군대에 지원했다. 그리고 군대에서 대학에 가기 위해 생전 안 하던 영어공부까지 시작했다. 그리고 제대 후 바로 학원을 찾아온 것이다. 수능시험을 치렀지만 훌륭한 점수는 아니었다. 아니 점수가 낮았다. 그래도 이 친구 꿈을 버리지 않고 학원에서 그림을 열심히 그렸다.

지금은 친구들이 PC방에 가자고 하면 자신은 그냥 집으로 온다고 한다. 한번 발을 들여 놓으면 또다시 빠지게 될 거 같아서였단다. 무엇이 너를 그렇게 변화시킨 거 같으냐고 물어봤다. 원인은 '정신적 충격'이었다고 했다. 노심초사하는 부모님의 모습을 보면서도 인지하지 못했는데 막상 부모님께서 쓰러지시자 '이건 아니다.'라는 생각이 강하게 들었고, 게임을 끊게 되었다는 것이다. 준수는 자신과 같은 상황에 있는 친구들이 빠져나오려면 강한 '충격요법'이 필요하다고 강조했다.

정말 충격을 받을 만큼 흠씬 두들겨 맞든지 혼쭐이 나야지 부드러운 상담만으로는 게임중독을 벗어나기가 쉽지 않다는 것이다.

모든 아이에게 다 적용할 수는 없겠지만, 게임중독으로 심각한 상황에 놓여있는 자녀를 둔 부모라면, 이런저런 방법으로도 효과를 얻지 못했다면 참고는 해 볼 만 하다고 생각한다.

현대자동차 디자이너 조은아 가명

실기실에서 아이들을 지도하고 있는데 예쁜 아가씨가 실기실 문을 열고 들어왔다.

"누구세요?"

"선생님 저 기억하실지 모르겠는데…."

"아, 너 은아구나!"

매일 물감 묻은 모습만 보다가 사회인으로 변신한 모습을 보니 누군지 못 알아본 것이다. 은아가 고3 때는 입시 미술 방식이 건식재료만 사용할 수 있어서 파스텔을 주로 사용해야 했다. 당시 아토피를 앓고 있던 은아에게는 정말 지옥 같은 상황이었다. 가렵고 여드름에 한마디로 피부가 남아나질 않았다. 보다 못해서 대학교에 여러 번 항의한 기억이 난다. 당신들 자식이 아토피여도 파스텔로 시험을 볼 거냐며 험한 소리도 했다. 그런 상황에서 결국 입시에 실패하고 이듬해 홍익대에서 포스터컬러를 사용할 수 있게 해주면서 좋은 기회가 주어졌다. 은아의 실기력은 포스터컬러를 사용하면서 날개를 단 듯 향상되어 결국 중앙대학교 시각디자인과에 당당히 합격했다. 은아는 정말 밝고 맑은 아이였다. 오늘 학원에 온 이유는 현대자동차 디자인기획팀에 들어갔다고 자랑(?)하고 싶어서란다. 대견하고 자랑스러웠다. 그리고 내가 아이들에게 좋은 일을 하는 것 같아서 가슴 뿌듯했다. 가르치는 사람이 가장 큰 보람을 느끼는 순간은 제자가 잘되었을 때가 아닐까 싶다.

 참고로 이 아이들의 성적은 3~6등급 정도다. 중위권 아이들이다. 우수한 성적은 아님에도 이 아이들이 처음 그림을 시작한다고 했을 때 선뜻 '그래 좋다.'고 한 부모님은 없었다. 다들 망설이셨다. 그래서 질문도 많았다. 그러나 지금은 모두 만족해하실 거다.

 내가 알지 못하는 우리 학원의 졸업생도 많다. 어디서 무언가 열심히 하면서 살겠지 싶다. 그러나 내가 데리고 있던 그 시간동안 행복해하며 그림을 그리던 그 모습이 지금도 기억에 생생하다. 아이들의 해맑은 웃음소리가 지금도 귀에 들리는 듯하다.

포기는 왜 하는가?

볼펜이 멀리 있으면 집으려고 가는 것을 포기한다.

필자는 아이들이 포기하는 이유를 책상 위에 있는 볼펜에 비유한다. 볼펜이 멀리 있으면 집으려고 가는 것을 포기한다. 하지만 팔을 뻗어 닿을만한 거리에 있으면 엉덩이를 들어서라도 집는 것이다. 아이들에게 특히 하위권 아이들에게 대학은 멀리 있는 볼펜과 같다.

그러나 같은 하위권이어도 미술학원에 다니는 아이들은 다르다. 미술대학이 그다지 멀리 있지 않다고 느끼기 때문이다. 학원에서 항상 대학에 대한 정보와 소식을 접하기 때문이다. 또한 자신이 좋아하는 것을 좋아하는 사람들과 함께 준비할 수 있으니 그야말로 금상첨화다. 그래서 미술학원에 다니는 아이들의 표정은 항상 밝은 것이다.

미대를 가려고 하는 학생들은 평균 하루 4시간 그림을 그린다. 처음 상담오시는 부모님 중에는 공부는 언제 하느냐며 반문하시는 경우가 많다. 이런 경우는 아이들이 하루 종일 공부만 하는 것으로 착각하시는 것이다. 그래서 미술을 하면 공부시간이 줄어들고 그 결과 성적이 바닥에 추락할 거라고 믿는다. 그러면 대학에 들어가기 더 어려운거 아니냐고 …그러나 부모님이 착각하고 계신 거다. 대부분의 아이들은 태어나서 한번도 4시간 이상을 집중해서 공부해본 적이 없다. 심지어 공부를 정말 잘하고 오래 집중하는 아이들도 4시간 이상 집중해서 공부 할 수 없다고 한다.

좋아하는 것을 하면 집중시간이 길어진다.

연구에 의하면 어른들도 집중시간이 5분 7초가 고작이라고 한다. 미술학원 수업이 쉬는 시간 없이 4시간 동안 진행된다고 하면 대부분의 부모님들은 의아해한다. 4시간 동안 어떻게 그림을 그리느냐며 우리아이는 책상 앞에서 1시간도 앉아 있어 본 적이 없다고 말씀하신다.

그러나 정말 아이들은 이 4시간이라는 시간을 길다고 생각하지 않는다. 어쩌면 국·영·수 등 다른 과목처럼 아무 생각 안하고 집중해야 하는 것이 아니라, 좋아하는 그림을 자유로운 분위기속에서 열중하다보니 시간가는 것도 잊게 되는 것은 아닌지 모르겠다. 하지만 한 가지 확실한 것은 있다.

"이렇게 시간이 빠르게 지날 줄 몰랐다. 너무 재미있다."

아이들이 이구동성으로 외치는 말이다. 4시간을 집중하고도 지겹다거나 억지로 했다거나 힘들다고 투덜거리기는커녕 아쉬워하는 아이들의 태도가 신기하지 않은가? 난 이것을 미술학원에만 국한하고 싶지는 않다. 아마 체육, 음악, 무용 등등 공부를 제외한 다른 과목에서 자신이 좋아하는 것을 하면 모두 그렇지 않을까 싶다. 어린아이가 레고 블록을 맞추고 있을 땐 밥 먹는 것도 잊어버리는 것처럼 말이다.

아이가 좋아하는 '콩' 찾기

앞의 사례들처럼 아이가 부족한 성적을 채우는 것은 공부 말고 다른 것으로도 얼마든지 할 수 있다. 그런데 그 다른 것이 무엇인지 찾아가기가 쉽지 않다.

아이에게 다른 것을 할 기회를 줘보았다면 쉽게 찾을 수 있었을 것이다. 하지만 거기에도 함정이 있다. 초등학교 때 이것저것 많이 시켜서 상도 많이 탔으니 내 아이는 다재다능하다고 생각하는데, 그것을 긍정적으로 볼 수도 있지만, 실제 현실은 엄마의 착각일 수도 있다. 아이가 어릴 때 받은 '상'은 엄마의 욕심과 경쟁심의 결과물일 수도 있기 때문이다. 그렇다고 그것이 무조건 나쁜 것만은 아니다. 그중에는 진짜 아이가 먼저 원하고 즐거워했던 경우도 있을 수 있기 때문이다. 그렇다면 그것으로 충분히 '콩'이 될 수 있다.

아이에게 그동안 활동했던 것 중에서 가장 집중을 잘하고 재미있었던 게 뭐가 있었는지 물어보라. 이 뜬금없는 질문이 아이와 대화의 창을 열어줄지도 모른다. 아니 열어 줄 거라고 나는 확신한다.

그래도 성적 올려 좋은 대학을 가고 싶다?

　당장 부모가 원하는 대로 움직여서 갈 수 있는 곳을 이야기 해보자. 간혹 책에서 하위권 성적이었던 아이가 공부해서 서울대, 연·고대를 갔다는 수기를 보고 따라도 해보지만 얼마나 대단한 일이면 그런 수기가 책으로 다 나오겠는가? 그런 특별한 일을 우리 아이가 따라 할 수 있을지를 먼저 생각해봐야 하는데 부모들은 일단은 가능하다고 믿고 독려한다. 중하위권인 아이의 성적을 올릴 수만 있다면 무슨 방법이든 다 동원하여 결국 중상위권을 만든다. 고3 여름방학이 되면 아이가 수시모집 원서를 써야 하는 시기가 된다. 그때 부모는 비로소 깨닫게 된다. 그 동안 죽도록 노력한 것에 비해 성적이 별로 오르지 않았다는 것과 결국 '인 서울'은 멀기만 하다는 것을 말이다. 부질없는 짓이었다고 후회도 한다.
　중상위권 성적으로는 인 서울은 제쳐놓고서라도 경기권의 원하는 과도 힘들 것 같다. 그래도 일단 지원은 해본다. 재수가 좋아서 붙을지도 모른다는 기대심으로 가능한 한 많이 지원해 본다. 오죽했으면 나라에서 수시모집을 6회로 제한했겠는가? 그러나 입시는 과학이다. 결국, 안 될 것은 안 된다.
　정시모집에 기대를 걸지만, 수시모집이나 별반 다르지 않은 조건에 절망한다. 아이의 책임으로 돌리기엔 애도 상처를 이미 받을 만큼 충분히 받았다. 이제는 달리 방도가 없다. 재수라도 해야지. 부모님은 재수하면 성적이 많이 오를 거라는 기대를 한다. 왜냐하면, 그

동안은 충분히 공부를 못했지만, 이젠 열심히 할 수밖에 없고, 같은 내용을 두 번 반복하는데 성적이 오르는 것은 당연하다는 거다. 까짓 거 이번에 두 등급 정도만 올린다면 인 서울도 가능하겠지. 그러나 어디까지나 그것은 부모님의 바람이다.

  재수결과를 성적표로 받아 들면 또다시 실망하는 경우가 더 많기 때문이다. 두 등급 올리는 것? 그렇게 녹록하지 않다. 특히 언어는 오히려 더 떨어질 가능성이 높다. 이유는? 앞에서 필자가 피력했듯이 공부는 개인적인 한계점이 분명히 있다. 시간만 투자한다고 되는 것이 아니라는 것을 삼수해본 많은 사람이 증언하고 있다. 아이는 이쯤이면 만신창이가 되어 자포자기 아니면 공부가 직업이 되는 4수생의 길을 택한다. 이것은 최악의 시나리오니까 너무 실망하지 마라. 하지만 내 아이의 현실을 냉정하게 판단해야 할 필요는 있다.

  혹자는 허망한 꿈을 갖게 한다고 비판할 것이다. 그러나 아이들도 생각이 있다. 그리고 그런 아이들에게 그 '콩'을 가르치는 사람도 책임감과 의무감 때문에 절대 공부를 포기하라고 하지 않는다. 그리고 우리나라의 교육제도가 그것을 허락하지 않는다. 결국, 이러니저러니 해도 현실을 반영한 입시제도에 맞게 준비시키는 것이다. 이것은 아이들도 인지하고 있기에 걱정할 것은 아니다. 단지 걱정은 부모가 이것을 허용하고 기다려 줄 수 있는지의 여부다. 성적이 정말 바닥이라 대학을 가도 '인 서울'을 못 할 수도 있다. 하지만 기다려 준다면 이 아이가 정말 '콩'으로 성공할 수 있다.

공부할 시간이 없는데 성적이 더 떨어지는 거 아니냐?

오르는 성적도 거기서 거기인 만큼 성적이 떨어져 봐야 거기서 거기다. 간혹, 아니 대부분의 부모님이 미술공부를 시켜서 공부할 시간이 줄어들었다고 중간, 기말시험 때 학원을 쉬게 하고 시험공부를 시킨다. 벼락치기라도 하라는 것이다. 이럴 때 나는 부모님과 협상을 한다.

"이번 중간고사는 빼 드릴 테니까 다음 기말고사는 빠지지 마세요. 만일 두 시험의 결과가 비슷하다면 이젠 시험기간에도 학원에 나오는 겁니다."

결과는 이미 예측할 수 있다. 벼락치기 한 공부가 쉽게 성적이 오를 리가 만무하기 때문이다. 부모님은 또다시 고민한다. 이러다가 두 마리 토끼를 다 놓치는 것 아닌가? 그리고는 속는 셈 치고 다음 시험 때는 학원을 보낸다. 그런데 뜻밖에 성적은 학원을 쉬게 할 때나 보낼 때나 별 차이가 없다. 떨어져 봐야 거기서 거기다. 만일 성적의 하락폭이 크다면 그동안의 공부 방법에 큰 문제가 있다는 것이다. 그러므로 자신의 공부방법을 분석해서 문제의 정확한 진단과 처방을 내려야 할 필요가 있다.

사실 벼락치기 공부로 해결될 만큼 고등학교 시험은 녹록하지 않다. 그렇게 해서 오를 성적이었으면 아마 그전에 이미 쑥쑥 올랐을 것이다. 대부분 아이는 공부하는 시간이 자신이 생각하는 시간보다 현저히 적다.

미술학원 다니면서 공부는 언제 하느냐고 묻는다. 대답은 시간이 날 때이다. 친구랑 놀고, TV보고, 인터넷하고…, 그리고 시간이 남으면 그제야 공부를 한다. 그런데 놀랍게도 자신은 공부를 정말 열심히 하고 있다고 착각한다. 알고 보면 공부를 하지도 않으면서 하고 있다고 착각하는 부류와 정말 열심히 하는데도 성적이 안 오르는 부류의 공통점이 있다. 둘 다 공부에 집중하는 시간이 거의 없다는 사실이다.

'콩'을 권하는 이유가 거기에 있다. 반대로 부족한 성적을 '콩'으로 채워서 가는 경우를 생각해보자. 아이는 의무감에서라도 '콩'을 열심히 한다. 성적이 예전보다 조금 떨어졌을지 모른다. 그러나 한 가지 확실한 것은 아이 표정은 전보다 더욱 밝아졌다는 것이다.

대학 원서를 작성하면서 처음 '콩'을 시켰을 때 기대했던 학교보다 레벨이 낮아질 수 있다. 그러나 그것은 지나친 기대였다는 점만 고려하면 그래도 원래의 성적으로 갈 수 있던 학교에 비해서 대학레벨이 상당히 높아졌음을 알 수 있다.

자, 이런 선택이라면 한번 고려해 볼만도 하지 않은가?

부모는 포기할 즈음 아이의 말을 들어준다.

필자가 가장 자신 있어 하는 미대입시에서 가장 유리한 점수를 보자면 4등급이다. 이 시기에 아이를 데려오면 좋은 이야기를 참 많이 해줄 수 있다. 그러나 안타깝게도 이 시기를 놓치는 경우가 많다. 부모님은 자녀가 이 성적일 때 조금만 더하면 3등급, 거기서 더 하면 2등급까진 무난히 올릴 수 있다는 막연한 믿음으로 아이에게 공부를 강요한다.

아이는 그러나 자기 자신의 능력을 너무도 잘 알고 있다. 더는 성적이 오르지 않는다는 것, 초등학교 때부터 달달 외워온 성적이기에 실제로 더 올릴 수 없다는 것을 말이다. 하지만 부모님의 삐뚤어진 기대감과 강요로 책상에 앉아 공부한다. 하지만 문제가 이해가 잘 안 되면 무작정 외우게 된다. 그러나 고등학교 공부는 외워서만 해결할 수 있는 것이 아니다. 결국엔 성적이 떨어지고 떨어져서 6, 7등급이 되어서야 필자를 찾아온다. 그래서 이 책의 앞부분에 '동상이몽'이라는 에피소드를 다룬 것이다. 엄마는 아직도 자신의 아이가 4등급이라고 믿는다. 그러나 실제 성적표를 보면 그렇지 않다. 그것은 잘 나왔을 때 아이가 보여준 성적표일 뿐, 그보다 못한 점수는 숨기고 안 보여 준다. 그게 엄마가 모르는 아이의 진실이다.

엄마는 못 느꼈겠지만 아이는 이미 비명을 지르고 있었을 것이다. 그 표현이 "엄마 힘들어. 나 여기서 구해줘!"였다면 해결이 좀 쉬웠을까?

"공부는 다 힘들어"

엄마의 대답은 분명 이랬을 거다. 결국, 아이는 숨겨둔 본심을 꺼내놓는다. 나 다른 거 한번 해보면 어떨까가 아니라 "나 미술 해보고 싶어." 단도직입적이다. 그러나 엄마는 "말도 안 돼! 네가 무슨 재능이 있다고 그래. 그리고 우리 돈 없어."라는 핑계로 아이의 희망을 싹

둑 잘라버린다. 그러나 어렵게 꺼낸 본심인지라 아이도 쉽게 물러서지 않는다.

"아냐! 디자인하면…."

아이의 장래문제만큼은 엄마보다 아이가 더 현명하다. 정보도 빠르다. 처음 본심을 털어놓았을 때가 가장 빠르고 좋은데 안타깝게도 대다수 어머니가 기회를 놓친다. 2학년 말쯤, 온갖 처방에도 효과가 없어 절망에 빠져서야 비로소 아이의 요구를 들어주게 되는 것이다. '콩'을 담당한 학원은 그래도 어떻게든 합격시키려 온갖 노력을 기울인다. 그 결과로 합격은 될지 모르지만, 문제는 아이가 썩 만족스러워하지 않는다는 점이다. 더 일찍 준비했으며 더 좋은 대학에 충분히 갈 수 있다는 것을 본인이 잘 알기 때문이다. 그래서 합격을 하고도 재수하는 상황이 생기는 것이다. 이런 오류를 겪지 않으려면 아이가 처음 결심을 했을 때 바로 시키는 것이 가장 현명하다.

아이들은 아직 어리기 때문에 무엇이든지 경험을 해봐야 알 수 있다. 그래서 도중에 포기하려고 하기도 한다.

여러 번 포기해본 경험이 있는 아이도 있다. 그러나 결심과 의지가 약해서 자꾸 뒤집더라도 아이가 원하는 것을 하게 해주는 것이 좋다. 그래서 자신에게 맞는 분야를 찾아갈 수 있다면 천만다행이다. 그럴 기회조차 주지 않는다면 반드시 원망을 사게 될 것이다. '여기서 더 바꾸면 안 된다는 것'을 아이도 잘 안다. 그래도 바꾸려 한다면 '우리 애가 나중에 크게 될 아이구나'라는 생각과 '경험만 쌓아도 좋다'는 관망 자세로 아이를 바라보도록 권하고 싶다. 제대로 된 면죄부는 아이가 주는 거라고 필자가 그러지 않았던가? 아이들은 정말 천차만별이다. 잘 지켜봐야 결과를 알 수 있다.

욕심을 낮추자

부모와 아이의 마음 중 한 가지만은 같다.
'잘되고 싶다는 것'
그래서 쉽게 합일점을 찾을 수 있을 거 같은데 뜻밖에 쉽지 않다. 그것은 부모의 자식에 대한 기대 이상의 욕심 때문이다. 먼저 내가 평범하듯이 내 아이도 나만큼이나 평범하다는 것을 인정하자. 그러면 아이에게서 새로운 가능성을 발견하게 될 것이다.

또한, 내 아이에게서 무언가를 더 해보려고 노력하는 모습을 보게 될 것이다. 잠만 자고 놀려고만 하는 아이가 아닌 것을 다행으로 생각하자.

그런데 정말 우리 아이는 '잠만 자고 놀려고만 하는 아이'인데…
라고 상담오시는 분이 뜻밖에 많다.

심지어는 자기 자녀를 무기력증 환자라고 표현하는 부모도 있다. 이러면 나는 과감하게 '다른 곳에 위탁하라!'고 권한다. 다른 곳이란 '공부학원'이다. 이 경우가 정말 사교육의 힘이 발휘되는 사례다.

중학생 정도면 이미 부모의 이야기는 강하게 표현해서 '말을 씹어

먹는' 나이다. 빠른 경우엔 초 5학년 때부터 시작하는 아이들도 있다. 그런데 그런 아이들도 밖에 나가면 정말 괜찮은 아이들이 많다. 아니, 모두가 그렇다고 나는 생각한다. 그래서 나중에 밖에서 아이의 평판을 듣고 놀라는 부모님이 많다. 그리고 학원입장에서 보면 저렇게 성실하고 긍정적인 아이가 집에서는 부정적인 모습이라는 것이 그저 놀라울 따름이다.

만약 내 아이가 집에 두면 게임을 하거나 잠만 자고, 공부하라고 하면 반항하고, 공부학원에 보내면 시간만 보내다 돌아오는 그런 감당 안 되는 아이라면 그 아이가 좋아할 만한 곳에 위탁하라. 그리고 선생님을 통해 대화하자. 그러면 아이는 조금씩 변해갈 것이다. 처음부터 큰 변화를 기대하고 보낸다면 그냥 데리고 있어라. 부모가 끼고 있는 그 시간 동안 변하지 않는 아이를 한순간에 '뽕'하고 변화시킬 수 있는 사람은 세상에 없다.

현명함이 없는 학부모일수록 빠른 효과를 기대한다.

빠른 효과를 기대하는 부모는 아이가 적응하기도 전에 또 환경을 바꿔서 아이를 혼란에 빠뜨린다. 3개월 단위로 학원을 바꾸는 부모님이 있었다. 필자를 만나기 전에도 세 군데 정도 옮겨 다녔다는데 그 이유가 가관이다. 좋은 점만 배우기 위함이란다. 필자는 상담을 하는 동안 이 부모님이 정신병을 앓고 있는 게 아닌지 의심이 들었다. 학생을 지켜보니 그 아이는 잔뜩 주눅이 들어있었고 본인의 생각이라고는 도무지 없었다. 무엇을 가르쳐 보려 해도 그동안 다른 곳에서 무엇을 배웠는지 감을 잡을 수 없을 정도로 실력이 형편없었다. 적어도 2년간은 집을 짓듯이 기초부터 차근차근 실력을 쌓아 올려야 정석인데 이 학생은 짓고 부수고 짓고 부수고, 한마디로 단순 레고 쌓기 놀이를 반복했던 것이다. 학원을 그만두면서 하는 말도 가관이었다. 더는 배울게 없다는 것이다. 정말 그 아이가 불쌍했다. 필자가 가진 지식을 총동원해서 아이의 엄마를 설득해 보려 했다. 그러나 결국엔 아이의 짐을 챙겨드렸다. 그리고 마지막으로 엘리베이터 문이 닫힐 때 한마디만 했다.

"좋은 선생님 만나시기 바랍니다."

부디 다음엔 저 엄마를 설득시켜서 아이가 한곳에 머무를 수 있도록 좋은 선생님을 만나기를 마음속으로 기원할 뿐이었다.

chapter
09
하기도 싫고 듣기도 싫은
공부하라는 잔·소·리

부모의 잔소리.

한국에서 '공부'는 끔찍한 살인사건도 만든다.

우리 아이들은 지금 병을 앓고 있다.

친구 같은 부모가 필요하다.

아이들은 어디서부터 시작하는 지도 모른다.

거실, 아이에게 양보하세요.

공부 좀 못하면 어때?

chapter 09

하기도 싫고 듣기도 싫은
공부하라는 잔·소·리

부모의 잔소리

　손지창의 아내 오연수가 멋진 스포츠카를 몰고 간다. 화면도 흑백으로 정말 우아한 분위기다. 아이랑 통화한다. 낮고 지적인 목소리로 묻는다.
　"오늘 잘 놀았어? 숙제느~은?"
　그러다가 갑자기 태도가 돌변한다.
　"뭐 안 했다고. 빨리해! 엄마가 뭐랬어 …." 목소리 톤이 영락없는 엄마다.
　그 장면을 보고 한참을 웃었다. 기억도 잘 나지 않는 한 케이블 방송의 CF였다. 한번 봤을 뿐인데도 기억이 아직도 생생하다. 그렇다. 아무리 아름답고 멋진 직업에 돈까지 많은 매력적인 여자여도 결국 아이에게는 엄마다. 엄마의 잔소리 1위가 '공부해'란다. 필자도 아이에게 공부하라는 잔소리를 한다. 교육전문가이기 전에 두 아이의 엄마다. 그 점은 필자도 어쩔 수 없다.

온라인리서치 리서치패널코리아가 운영하는 패널 나우에서 2012년 10월 발표한 자료를 보자. 부모의 잔소리 중 공부하라는 잔소리가 20%로 전체 1위다.

구체적인 잔소리는 아래와 같다.

· 공부해라.
· 그만 놀고 들어가서 공부해.
· 넌 점수가 이렇게 낮은데 네 친구는 왜 이렇게 높니? 반 만 따라가 봐.
· 다른 사람은 공부를 잘하는데 넌 뭐니 공부 좀 해라.
· 아빠, 엄마 친구 아이는 공부 1등 한다더라.

한국에서 '공부'는 끔찍한 살인사건도 만든다.

고3 학생이 '전국 1등'을 강요해온 어머니를 살해한 사건, 공부 강요로 인해 이혼까지 당한 엄마이야기, 둘 다 가장 최근에 있었던 사건이다. 이전에도 이런 사건은 많았지만 사실 거론조차 하기 싫다. 끔찍하고 황당하기 때문이다.

2010년 서울시 소아 청소년 광역정신센터에서 '우울증 학생 선별

검사'를 서울 시내 중·고교생 3만 786명을 대상으로 했다. 검사를 받은 17.2%의 학생이 평소 우울증을 느낀다고 답했다고 한다. 가장 큰 이유는 예상대로 '공부'였다. 자살문제도 심각하다. 자살 충동을 느낀 적이 있느냐는 질문에 8.8% 학생이 그렇다고 답했는데 가장 큰 이유는 예상대로 '성적문제'였다.

해마다 수학능력시험 전까지 150명~200명의 학생이 자살을 시도한다고 한다. 그래서 '성적비관자살'이라는 말은 이제 식상하기까지 하다. 남의 아이 이야기라고만 치부하기엔 우리 주위에서 흔히 일어나는 일이기에 한 번 정도 신중하게 생각해 볼 필요가 있다. 원인은 어디서부터 찾아 봐야 할까?

아이들을 병아리라고 부르는 이유?

엄마들은 일단 임신하는 그 순간부터 욕심이 생긴다. 똑똑한 아이를 낳기 위해, 아니 만들기 위해 태교 음악부터 듣기 시작한다. 그리고 유치원에 들어가면서 본격적인 경쟁이 시작된다.

'군계일학' 내 아이를 보고 하는 말이라고 생각했는데 다른 아이들도 집에서는 모두 '학'이다. 그런 아이들이 모인 유치원에서 내 아이가 특별하게 돋보이지 않는 것은 당연하다. 그러나 사실은 모두가 '병아리'일 뿐이다. 그래서 노란 옷을 입히나 보다. 이것을 인정하면 문제가 없을 테지만 힘이 남아도는 젊은 엄마들의 이기심이 슬슬 발동을 건다. 선생님께서 내 아이만 바라보기를 원하고 무엇을 하든지 우리 애가 항상 1등이기를 고집한다. 우리 아이를 세상의 중심으로 만들려고 온갖 노력을 다한다. 여기에서 악마의 씨앗 즉 '경쟁'이 본격적으로 시작된다.

'잘한다, 똑똑하다'는 칭찬이 성장 과정에서 힘이 되기도 하지만 객관성을 상실하면 독이 된다. 초등학생 정도면 객관적인 사고를 갖게 된다. 엄마가 칭찬해 준 것처럼 나는 '다 잘하는 아이. 훌륭한 아이야'라고 생각했는데 부딪히는 현실은 그렇지 못하다. 엄마를 실망시키지 않고 '공부 잘하는 똑똑한 아이'가 되기 위해 옳지 못한 무모한 행동을 하기도 한다. 걱정을 항상 앞서서 하는 엄마는 이렇게 말한다.

"너 대학에 가려면 지금부터 정말 열심히 준비해야 한다. 계단을 올라가는 거야. 천천히, 하나씩. 이번엔 100점 맞으면 돼. 100점 맞는 거 어렵지 않잖아. 엄마가 도와줄게"

저학년엔 가능하다. 아이도 착각에 빠진다. 그러나 문제가 점점 어려워지고 감당하기가 버거워지면 '난 된다.'라는 생각이 점점 '될까? 될 것 같은데' 안 되네. 거봐, 안되잖아."하고 부정적인 생각으로 바뀌게 된다. 그 빈도가 점차 높아지면서 아이는 결국 좌절하게 된다.

초등 3학년에서 중학교를 거쳐 고등학교에 가면 경쟁자가 수십만 명으로 바뀐다. 처음엔 많아져 봤자지라며 자위를 하지만 매월 모의고사성적에 내신 성적이 점점 추락하면서 결국 좌절하는 아이들이 많아진다. 대학만 바라보며 오로지 공부에 매달렸는데 그 결과가 좌초되는 느낌, 대학 가는 것이 세상의 전부인 줄만 알고 살아왔기에 충격은 더 클 수밖에 없다. 세상엔 대학 가는 것보다 더 크고 중요한 일들이 많은데도 그것은 못 보게 하고 경마장 말처럼 결승선만 보고 달리게 하였으니 좌절하면 세상이 끝나는 것처럼 느껴지는 건 지극히 당연하다.

외부환경 - 부모, 친구, 선생. 모의고사 시점.

아주 좌절하는 시점? - 고등학교 때 직접적인 결과가 바로 점수화되어서 보이는 시점.

왜 잘하는 상위권 아이들이 자살하는 걸까?

그런데 정작 좌절해야 할 하위권 아이들은 아무렇지도 않은데, 잘나가는 상위권 아이들이 왜 자살을 하는 걸까?

한마디로 많이 먹었는데 배설할 곳이 없어서 죽는 것이다. 못하는 아이들은 친구가 있어서 서로 고민을 나누고 공감을 하며 위로도 받는다. 하지만 상위권 아이에게는 친구는 없고 오로지 경쟁자만 있다. 한마디로 대화상대가 없는 거다. 특히 성적하락에 대해서는 더더욱 그렇다.

아이가 느닷없이 "엄마 나 죽고 싶어"라고 한다면 바른 생각을 하는 엄마라면 "공부? 그거 별로 중요하지 않아. 죽을 정도 아냐. 못해도 돼."라고 할 텐데 항상 상위권을 유지하려고 별의별 짓을 다 한 엄마의 반응은 전혀 다를 것이다.

"왜 죽어? 죽을 각오로 공부하면 다시 오를 수 있어. 힘내"

엄마에게 분명 문제가 있다. 아이는 결국 해결도 못 하고 공감도

얻지 못한 채 벼랑 끝으로 더 밀려나게 된다. 원하는 대학에 못 가면 마치 인생의 실패자가 되는 것처럼 압박한다.

"너 이거밖에 안 돼. 내가 해준 것이 얼만데 요거 밖에 못하냐?"

압박은 결국 엄마의 욕심에서 비롯되는 것이다. 아이러니하게도 이 책을 읽고 있는 중하위권 엄마들은 행복한 거다. 적어도 아이가 자살할 일은 없을 테니 말이다.

자살한 아이가 있다. 전날 밥상을 차려놓고 엄마가 공부 때문에 잔소리를 늘어놓자 기분이 상해서 밥상을 박차고 일어났다. 공부하고 노력했는데도, 성적이 떨어져 속상해 죽겠는데 엄마가 잔소리를 심하게 하자 밥도 먹기가 싫어졌다. 다음날 엄마는 밥상을 차려놓고 외출했다. 돌아와 보니 아이는 밥을 먹지 않았다. 반항하는가 싶어서 "너 왜 밥 안 먹었어?"라고 다그치자 "너 그따위로 살래?"라는 말로 이해한 아들은 결국 극단적인 선택을 하게 된다.

나를 낳아준 엄마도 저러는데 다른 사람은 오죽할까 생각하니 더 이상 세상을 살아갈 자신이 없어졌다. 갑자기 세상에 혼자 버려진 것처럼 외로움과 두려움이 왈칵 밀려왔다. 그렇게 혼자가 된 아이는 결국 세상과 인연을 끊고 말았다.

"난 잘못한 게 없어요. 전날 왜 밥 안 먹었느냐고 물어봤는데 그것 때문에 죽었을 리가 없잖아요. 이건 분명 학교에서 문제가 있었던 거예요."

엄마로서는 당연히 그럴 수 있다. 다행히도 이 이야기는 모두 가상이다. 그러나 우리주변에서 충분히 일어날 수 있는 이야기다.

　필자도 예외는 아니다. 내 아이에게 공부하라고 잔소리하니까. 아마 모든 부모가 아이에게 공부를 강요하는 것은 같을 것이다. 강도의 차이가 있을 뿐이고 멋진 엄마인 척 할 뿐이다. 앞서 말한 대안, 즉 물을 차오르게 하는 다른 무엇이 '콩'이라면 '콩'은 '사랑'이 될 수도 있다.

중하위권 아이들은 자살을 생각하지 않을까?

　"왜 중하위권 아이들은 자살하지 않을까?"라는 질문을 이제 막 대학에 들어간 딸에게 했다.

　" 우리 반에 맨 날 자살한다, 자살한다 해놓고 누구보다 행복하게 사는 애가 있었어. 근데 죽지 않고 지금까지도 살아 있거든. 그때 걔가 우리 반 꼴찌였는데 그런 애 있지, 그냥 공부만 못하는 모범생. 딱 그거라니까. 뭔 일이 있어도 그냥 웃어넘겨. 아마도 꼴찌니까 포기한 거 같아. 그래도 행복한 거 보면 옆에 있는 친구들도 같이 행복했던 거 같아.

　내가 한번은 하도 그 자살한다는 소리가 듣기 싫어서 죽으려면 지금 죽으라고 했어. 수능 전에 죽어야 고민 덜 하고 죽으니까 좋지 않겠냐고. 그랬더니 아직 못 즐긴 게 많대. 크크크…, 암튼 웃긴 애였어. 참 왜 안 죽느냐고 물었지? 죽을 이유가 없잖아. 성적이 더는 떨어질 일도 없는데 왜 죽어."

"그냥 공부만 못하는 모범생, 하하하."

공부는 꼴찌여도 친구들과 친화력이 좋고 예능감각이 뛰어난 재미있는 친구!!
 말은 배설과 같은 것이다. 밖으로 내놓으면 시원해진다. 그리고 해결책이 생길 수도 있다. 이미 높은 곳에 올라가 있는 1등에게는 내려갈 좌절만 있다. 그러나 꼴찌에게는 올라갈 희망만 있는 것이다.
 꼴찌와 1등, 누가 더 마음의 여유가 있을까?
 누가 더 행복할까?
 꼴찌와 1등, 누구의 장래가 더 밝을까?
 누가 더 성공적인 삶을 살게 될까?
 행복은 성적순이 아니잖은가?
 부자도 성적순이 아니잖은가?
 건강도 성적순이 아니잖은가?
 공부가 인생 전부는 아니잖은가?
 그런데 왜 우리는 공부가 인생의 전부이기를 내 아이에게 강요할까?
 공부를 잘해야 좋은 대학에 가고 졸업 후 좋은 직장에 취업할 수 있다는 믿음, 누구나 잘 알고 있다. 그러나 세상은 넓고 할 일은 많다. 사람마다 성격이 다르듯이 재주도 다르다.
 세계적으로 크게 성공한 명사들을 보라. 굳이 빌게이츠나 스티브 잡스가 아니어도 대학을 못 나오고도 명문대 졸업생보다 크게 성공한 사례는 얼마든지 많다. 공부에 목숨을 거는 부모, 아이들이 없어져야 자살이라는 극단적 선택과 공부만 하다가 삶을 마치는 비극이 우리 사회에서 사라질 것이다.

내 아이의 성공도 행복도 돈도 건강도 성적이 다 보장해주지 못한다는 것, 진정한 행복, 진정으로 인생에서 소중한 것, 그것이 무엇인지 깊이 생각해보았으면 한다.

왜 이토록 부모들은 공부에만 집착하고 열광하는가?

한마디로 숫자로 보이기 때문이다. 비교하기 딱 좋다. 설명하면서 불안감 조성하기도 쉽다. 소문도 숫자를 붙여서 내면 더 빨리 돌지 않던가?

그래서 숫자로 말하기 어려운 것은 뒷전으로 밀리는 것이다. 아이의 성실함, 건전성, 인간성 등등 정작 살아가는 데 더 중요한 부분은 지극히 당연하다며 뒤로 미뤄두고, 숫자로 말하기 쉬운 성적만 공개한다. 그래서 비교된다. 아니 비교하기 쉽다.

중간고사 성적표를 받아 든 엄마는 걱정이 몰려온다. 이번 중간고사를 망쳤다. 옆집, 뒷집 아이의 성적이 어느 정도 나왔을까? 그 엄마들에게 뭐라고 하지. 우리 애가 정말 바본가? 아이의 가장 큰 문제가 무엇인지에 대한 가장 근본적인 문제는 뒷전이다. 이러다가 내 아이가 바보가 될 것 같다는 불안감에 엄마는 아이를 다그치다가 기말고사는 잘 보자는 쪽으로 플랜을 짜기 시작한다.

'어느 학원이 좋을까?'

그렇다. 엄마의 이 아주 사소한 걱정이 아이를 의미 없는 공부의 구렁텅이에 몰아넣는 것이다. 자녀를 있는 그대로 보고 인정해주자. 남과 비교하며 경쟁을 부추기지 말자. "나 잘되자고 공부하라니? 다 너 잘되라고 하는 거야." 엄마들이 잘하는 말이다. 그런데 그게 다인가? 혹 부모의 체면이나 남과의 비교우위를 의식하는 것은 아닌가? 몸에 치장한 보석처럼 자녀를 자랑거리로 삼으려는 사치심 때문은 아닌가?

가슴에 손을 얹고 한 번 생각해보자. 정말 자식 잘되기를 바라는 마음뿐인가?

아이는 내 생각에 진심으로 공감하는가?

진심으로 감사하는가?

우리 아이들은 지금 병을 앓고 있다.

공부 부작용, 중2병

중학교는 사춘기를 보내는 곳이다. 초등학교에서 공부를 잘하던 아이도 이상하게 중학교에 와서 속을 썩이는 경우가 많다. 특히 공부를 잘하던 녀석이 더 심하다.

공부를 못 하던 아이에게 기대가 크지 않으니 실망도 작다. 그러나 공부를 잘하는 아이에게 거는 기대는 모든 면에서 크다. 그런데 평소와 다른 행동으로 실망감을 주니 배신감이 더 크게 느껴졌을 것이다. 그러나 이것이 자연스러운 것을 부모들도 겪어서 알지 않는가. 요즘은 소위 중2병이라는 병이 있다. 한마디로 천상천하유아독존! 내가 세상의 중심이고 모든 것이 내 아래 있어 시시하다고 느끼는 병이다.

중학교 선생님들이 가장 감당하기 어려운 학년이 단연코 중2라고 한다. 자신의 존재는 한없이 크고 다른 것은 별거 아니라고 생각하는 아이가 그것을 인정하지 않는 환경 가운데서 매사에 시비가 붙는 것은 당연하다. 그러다 보니 세상과 단절하는 아이도 있고 직접 부딪혀 깨져오는 아이도 있다. 내 아이는 그런 적이 없다고 생각한다면 그건 착각이다. 아이가 엄마를 속이고 있는 것이다. 중2병이라는 것은 알고 보면 '질풍노도의 시기' 즉 사춘기이다. 우리도 겪었지만, 우리 때와 달라진 세상 때문에 부모입장에서 더 심각하게 받아드리게 된 것이다.

특목고, 자사고 등이 늘면서 중학교 2학년부터 본격적으로 고교 입시에 대한 부담을 느끼기 시작한다. 이런 시험이 아이들 사이에 성공과 실패의 기준이 되면서 공부 잘하는 아이와 공부 못하는 아이라는 '보이지 않는 등급'이 만들어진다. 그동안 성실하고 착했던 아이가 입시에 대한 부담감과 그로 인한 스트레스로 반항적인 행동을 슬슬하기 시작한다.

중학생 시절은 자아가 형성되어가는 시기이다. 그래서 학업에 대한 스트레스가 자의식이 어느 정도 형성된 고등학생보다도 더 심하다. 그것이 말과 행동으로 표출되면서 어른들의 눈 밖에 나기 시작한다. 결국, 부모와 자녀, 스승과 제자, 선배와 후배, 친구사이에 심각한 갈등을 불러오기도 한다. 공부를 인생의 전부처럼 생각하는 어른들이 아이들에게 준 병이 아닌가 싶어 마음이 씁쓸하다.

중2병은 어떤 증상(?)이 있는 건지 구체적으로 테스트를 해보자. 참고로 이 테스트는 인터넷에서 떠도는 것으로 우리 아이가 스스로 정말 내가 중2병인지를 알아보는 테스트다. *정확한 출처를 찾을 수 없어서 출처에 대한 표기를 생략합니다. 지면으로나마 출제자께 양해를 구합니다.

중2병 테스트
- 나는 남들과 다르다고 생각한다.
- 내가 마음만 먹으면 뭐든지 할 수 있다고 생각한다.
- 많은 시간 망상에 빠져 내가 만화 주인공이라고 생각할 때가 자주 있다.
- 자신이 우울증에 걸렸다고 생각한다.
- 미니 홈피나 블로그에 상당히 오글거리는 멘트를 많이 적어 놓는다.
- 유난히 이성 앞에서 허세를 많이 부린다.
- 허구적인 소설을 많이 쓴다.
- 혼자서 중얼거린다.
- 칼을 소지하고 다니는 것을 자랑스럽게 생각한다.
- 파멸, 광기, 피 등등 만화나 영화에서 나올 법한 멘트를 거리낌 없이

내뱉는다.
- 자신보다 약한 사람에게는 한없이 강해지고 자신보다 강한 사람에게는 한없이 약해진다.
- 뭐든지 네거티브하게 보는 성향이 깊다.
- 무슨 뜻인지 알지도 못하면서 우선 내 뱉고 자랑스럽게 여기는 경향이 있다.
- 나는 남들보다 불행한 사람이라고 생각한다.
- 나는 큰 상처를 가지고 있다.
- 온라인에서"..."를 많이 붙인다.
- 주먹으로 벽을 치거나 가래침 뱉는 걸 자랑스럽게 여긴다.
- 깡패는 나의 우상이다.
- 자살을 자주 생각한다.
- 언제나 무뚝뚝한 표정으로 남들을 바라본다.

위의 중2병 자가진단 테스트에서 선택항목을 체크해 보자.
- ☐ 1~4문항이면 정상
- ☐ 5문항 이상이면 감성이 풍부한사람
- ☐ 10문항이 넘으면 아직 철이 덜 든 사람이 여기서부터 중2병으로 분류
- ☐ 15문항 이상이라면 남들에게 민폐를 많이 끼칠 정도
- ☐ 20문항이면 중2병에 대한 상담이 필요한 수준

중2병에 대처하는 자세로 이형초(인터넷꿈희망터)센터장이 제시한 방안이다. 참고해 보자.

1. 혼자 있는 시간을 즐기거나 인터넷에 빠지지 말고 야외활동이나 마음을 터놓을 수 있는 친구를 통해 소통의 물꼬를 트는 것이 효과적이다.
2. 부모는 이 시기에 충분히 나타날 수 있는 행동이라고 인정하고 자녀가 여유를 갖고 스트레스를 해결할 수 있도록 돕는 것이 중요하다.
3. 반항하는 행동을 고친다고 고삐를 죄는 것은 오히려 역효과를 가져올 수 있으니 신발끈을 풀었다가 다시 매는 시기라고 생각하고 스트레스의 원인이 무엇인지 대화를 통해 풀어내야 한다.

이쯤 되면 부모님은 중2 아이들이 이 병에 걸리지 않도록 예방해야 할 필요성을 느낄 것이다. 무엇보다 아이가 마음껏 뛰어놀고 꿈 꿀 수 있도록 부모가 먼저 마음을 열어줄 필요가 있다.

'로미오와 줄리엣' '이몽룡과 성춘향' 그들의 나이는 14세~16세, 지금으로 치자면 모두 중학생 나이였다. 대형 사고를 칠만큼 민감한 시기에 우리 아이들은 입시에 대한 압박감으로 중2병을 앓고 있는 것이다. 우리 부모들이 만들어낸 이 사회, 그 사회를 유지할 인적자원을 얻기 위해 도입한 교육제도 때문에 아이들이 죽어가고 있는 현실이 너무 안타깝다.

평균수명 100세 시대, 앞으로 80년을 더 살아야 할 우리 아이들이다. 나는 우리 아이들이 어른이 되기 전에 감수성이 풍부한 중학생

시기를 보낼 수 있었으면 좋겠다. 입시에 대한 부담감을 훌훌 털어 버릴 수 있는 그런 교육제도가 도입되기를 바랄 뿐이다.

잘못된 배설, 패드립? 패드립- 부모님이나 조상을 욕하거나 개그 소재로 삼아 놀릴 때 쓰는 말.

패드립이 무슨 뜻인지 아는가? 다음 신문기사를 보면 머리가 쭈뼛할 수도 있다.

> "우리 할매미(할머니) 명절만 되면 그냥 가만히 누워서 멍 때리고 있다가 그냥 처자 ×××. 예전에는 침대에서 안 자고 바닥에서 재웠더니 일어나지 못하고 누워서 오줌지려 ×××." 일명 '패드립' 카페에 올라온 글
> "느금마(너희 엄마) 전봇대에 머리 박아서 과다출혈로 사망."
> 포털 사이트에 '패드립을 알려 달라'는 질문에 대한 답 글   * 출처: 2012-05-08 헤럴드 경제

기사내용을 요약해 보면 패드립이란 '패륜'과 '애드리브'의 합성어로 부모님이나 조상과 같은 윗사람을 욕하거나 개그 소재로 삼아 놀릴 때 쓰는 말이다. 전에 우리 세대가 친구와 주고받던 부모나 스승에 대한 험담수준이 아닌 상상 그 이상이다. 디시인사이드라는 인터넷커뮤니티에서 시작된 것이 빠른 속도로 확산되어 이제는 문화현상으로까지 비춰진다. 친구끼리 재미삼아 하는 경우가 많고 옳지 못한 행동이라는 것은 알지만 다른 친구도 일상적으로 하니까 함께하는 경우가 많다고 한다. 청소년문제 전문가들은 패드립의 근본적 원인이 가족관계의 단절에 있다면서 '대화'와 '관심'을 통한 문제 해결

에 나서야 할 때라고 한다.

장근영 한국청소년정책연구원 전문연구위원은 "아이들이 개별적으로 부모나 스승에 대한 험담이나 욕설을 하던 것이 인터넷을 통해 서로 공유되며, 콘텐츠가 풍부해지면서 패드립이라는 하나의 장르로 묶일 정도가 됐다"고 분석했다.

박인기 경인교대 국어교육과 교수도 "모범생인 아이들도 자신의 비밀일기엔 부모를 대상으로 심한 욕설을 적는 등의 경우가 왕왕 있다. 대학 진학 등 사회적 억압에 눌린 청소년이 패드립 등을 통해 억눌린 심리를 해방시키고 있다"고 설명했다.

장 위원은 "부모와의 대화 소재가 예전에 비해 많이 줄어들었다. 부모와 자녀간의 괴리감이 커진 것"이라며 "부모와 친밀한 관계를 유지하는 청소년은 패드립을 하고 싶어도 할 수 없다. 격리돼 있다는 느낌이 클수록 패드립이 쉬워진다. 가족의 관계가 약화하는 것이 주요 배경 중 하나로 보인다"고 설명했다. *출처: 2012-05-08 헤럴드 경제

패드립은 아이들에게 공부만을 강조한 어른들 때문에 생긴 병이지 싶다. 이 아이들에게 어른이란 욕설을 퍼붓거나 조롱할 대상일 뿐이다. 모범생인 아이들도 자신의 비밀일기엔 부모를 대상으로 심한 욕설을 적는 등의 경우가 왕왕 있다는 박인기 교수의 말이 충격

적이다. 모든 아이가 다 그렇지는 않을 거라는 희망을 품어본다. 어른들이 만들어준 병에 대한 여러 가지 증상, 그리고 그것에 대한 배설이 패드립 현상으로 나타난 것은 아닐까?

친구 같은 부모가 필요하다.

2011.12.14. 시사IN Live의 내용을 인용해 보자. _{숭실대 박지인 씨의 석사학위 논문〈입시 스트레스가 고등학생의 자살 충동에 미치는 영향〉(2008년)}

"입시 스트레스가 높으면 자살 충동도 높을 것이다."라는 일반 통념과 달리, 입시 스트레스와 자살 충동은 그 자체만으로는 완벽한 인과관계를 보이지 않는다고 분석했다. '가족 기능'이라는 변수 때문이다. 입시 스트레스가 높은 경우라도 서로 잘 보듬어주는 가족 기능이 원활히 작동한 경우에는 수험생의 자살 충동이 현저히 떨어졌다. "공부 압력이 자녀의 비행이나 공격성 증가에 영향을 미치긴 하지만 부모-자녀 간 신뢰가 높은 경우에는 그 인과관계가 무의미해진다."라는 학술 논문 _{〈부모-자녀 관계와 공부 압력이 청소년 자녀의 심리 사회적 문제성향에 미치는 영향〉(한국 아동복지학 제6호, 박현선, 1998년)}의 결론과도 일치한다. <중략> '이러한 사건, 사고들이 근본적으로 성적에서만 오는 것이 아니다.'라는 연구결과를 보면 결국, 원인은 바로 가장 가까운 '존재'라는 것이다. 그 존재가 친구나 가족이 아닐까?

'친구', '가족.' 이 단어를 이렇게 조합해 보면 뚜렷해진다.

'친구'가 없어 '가족'으로부터 받은 상처를 치료할 수 없었다.
'가족'이 없어 '친구'로부터 받은 상처를 치료할 수 없었다.

'우리 부모님이 좋은 이유 10가지를 적어주세요.' 라는 설문을 200명의 아이에게 한 적이 있다. 이때 많이 나온 내용 중 하나가 우리 '부모님은 재밌다'였다. 간혹 용돈을 많이 줘서…라든가 간섭을 별로 안 한다 등 좋은 건지 나쁜 건지 헷갈리는 대답을 한 학생도 있었다. 하지만 대다수의 아이는 '이해, 존중, 관심, 자상, 사랑, 개방적, 유머, 밥, 긍정, 응원, 애정표현' 등의 단어로 부모님의 좋은 점을 표현했다. 어느 한 학생은 '엄마는 친구 같고, 아빠는 선생님 같다.'라고 썼다.

엄마와 아이가 친구처럼 대화를 나누는 팀을 상담할 때가 가장 재미있다. 행복한 사람은 어디서든 티가 난다고 하는데 정말 그렇다. 격식이 없어 산만한 듯 보이기도 하지만 내가 전달하는 내용 중에 궁금한 게 있으면 서로 물어보면서 마치 자신들이 가진 지식에 내가 말한 내용을 다시 꼭꼭 채워 넣는 느낌이다.

'같이 늙어가는 처지에 무슨….' 상대와 나이 차이가 많이 날 때 함께 어울리고자 동의를 구할 때 하는 말이다. 어차피 아이도 나랑 같이 늙어 갈 것이다. 20살이 넘으면 기댈 수 있는 존재가 될 텐데 미리 친구 먹는 것도 좋을 것 같다. 이런 엄마 밑에서 자라나는 아이들은 정말 행복할 거 같다. 소소한 모든 것까지 털어놓을 거 같다.

"친구가 있었으면 좋겠어요." 그 나이에 친구가 없다니 이상하지 않은가? 하지만 누군가에게 내가 먼저 다가가 친구가 되어줄 수 없는 아이는 친구가 없는 것이 당연하다. 왜일까?

친구는 상대가 있어야 한다. 내가 누군가의 친구가 되었을 때 그도 나의 친구가 되어주기 때문이다. 그러니 친구가 없다는 아이는 먼저 자신을 돌아봐야 할 것이다.

'좋은 친구가 없는 사람은 뿌리 깊지 못한 나무와 같다'는 속담이 있다. 사람에게 좋은 친구가 없으면 위급한 때에 도움을 받지 못하고 잘못될 수 있으므로 좋은 친구를 많이 사귀는 것이 중요하다는 말이다. 하지만 다행스럽게도 우리주변엔 좋은 친구가 있어 행복한 아이도 많다. 사실 누군가의 친구로 인정받고 있다는 느낌만으로도 아이는 행복할 수 있는 것이다.

부모에게 자식은 그저 자식일 뿐이다. 자식이 많이 배우고 존경받는 훌륭한 위인이 되어도 나이가 들어 손자까지 본 할아버지가 되어도 부모의 눈에는 그저 자식일 뿐이다. 좋은 것만 주고 행복하기만을 바라며 맹목적인 사랑을 쏟아부어야 할 존재, 부모에게 자식은 그런 존재이다. 그래서 자식 사랑을 내리사랑이라고 하지 않던가?

하지만 친구는 어떤가? 자식처럼 맹목적으로 좋은 것만 주고 싶은가? 내가 힘들 때 기대기도 하고 도움도 받지 않는가? 자식에게 하듯이 일방적으로 잘해 주기만 하면 받는 친구도 부담스러워 좋은 관계가 형성될 수 없다. 어찌 보면 친구 관계는 거래다. 서로 주고받는 관계, 그렇다고 너무 이해타산이 앞서면 깊은 우정을 쌓기 어렵다. 참다운 친구란 아픔과 슬픔을 함께 나눌 수 있어야 하기 때문이다. 아리스토텔레스는 '친구란 무엇인가?'라는 물음에 '두 개의 몸에 깃든 하나의 영혼이다.' 라고 답했다. 한 번 쯤 '친구란 무엇인가?' 라는 질문을 나 자신에게 심각하게 던져보았으면 한다.

 우리 부모들은 자식에게 일방적으로 잘해주고 나서 그것으로 끝나면 좋은데 문제는 나중에 자식에게 무언가를 바란다. 아니 바라는 게 없다고 항변하는 부모들도 있을 것이다. 바라는 게 없는데 마구 퍼준다. 이런 논리가 성립될 수 있을까? 노후에 '부양'을 바라지는 않더라도 적어도 성적표에 '1'이라는 숫자가 찍혀 오기를 바라지는 않았던가?
 부모가 자식에게 정말 아무것도 바라지 말고, 자식을 성장해서 독립할 때까지 함께 살면서 삶을 가르쳐야 할 친구로 여긴다면 훨씬 관계가 좋아질 거라고 생각한다. 그것이 아이들의 한결같은 '바람'이다.

아이들은 어디서부터 시작하는 지도 모른다.

 얼마 전 EBS에서 흥미로운 실험을 한 것을 방영했다. 전국 극상위권에 속하는 아이들과 중위권 아이들을 두 개의 시험 군으로 분류하고 30여 개의 단어를 보여주었다. 그리고 나서 몇 개나 기억하고 있는지 물어봤다. 평균 9~15개 정도 단어를 기억하고 있다는 대답이 나왔다. 극상위권이나 중위권이나 기억력에는 별 차이가 없나보다 라는 생각을 하고 있을 무렵, 실험자는 이 아이들에게 기억하고 있는 단어를 적어보라고 했다. 그랬더니 극상위권 아이들의 경우엔 자신이 기억한 숫자만큼의 단어를 적어냈지만, 중위권 아이들의 경우는 그에 훨씬 못 미쳤다.

이 실험을 통해 극상위권 아이들은 본인이 아는 것과 모르는 것을 정확하게 알기 때문에 자루에 공을 담듯 성적을 올리는 공부를 하지만 중위권 아이들은 본인이 아는 것과 모르는 것을 구분하지 못해 결국 다람쥐 쳇바퀴 돌 듯 제자리만 맴돈다는 것이다.

안다고 착각하는 아이들!

진도=성취도?

"엄마, 나 이거 다 풀었어."

학원에 다니면서 다 푼 두꺼운 문제집을 보여주는 아이가 대견해 보이지 않는 부모는 없을 것이다.

"저 녀석 정말 열심히 했구나!"

뿌듯하고 학원 보내길 잘했다는 생각에 즐겁다. 그러나 그거 아는가? 그냥 풀기만 했다는 것을, 출제된 문제를 응용해서 정확히 풀어야만 나오는 게 성적이다. 그러나 성적이 낮은 아이일수록 진도가 마치 성취도인 것처럼 착각한다.

한 권의 문제집이 끝나면 온전하게 머릿속에 입력되어 남아야 하는데 전혀 그렇지 않다. 실상은 그냥 풀었으니까 알고 있다고 느낄 뿐이다. 그런데 안타깝게도 아이들은 그것을 모른다. 그저 성적이 잘 나오지 않으면 자신은 항상 공부한 것만큼 성적이 나오지 않는다며 낙심만 한다.

기말고사에 오른 성적을 다음 학기 중간고사에서도 유지 할 수 있을까? 학원을 안 다니고 기억날 것이다.

성경보다 더 많이 팔렸다는 '수학의 정석.' 앞부분만 항상 빼곡하고 너덜너덜하던 것을…. 항상 처음부터 시작해야 하는 공부와 어느 지점에 와있는지 정확히 파악하고 거기부터 시작하는 것의 차이점. 부모님께서 더 잘 알고 있을 것이다. 그렇다면 아이에게는 공부하는 법을 먼저 가르쳐줘야 하지 않을까?

그런데 어떤 것이 정확한 공부방법인지는 필자도 알려줄 수가 없다. 그것은 아이들 개개인의 공부방법이 다르고 살아온 환경도 다르고 가르치는 선생님도 다르기 때문이다. 아무리 좋은 공부방법이라고 해도 모든 아이에게 적용하기에는 무리이다. 그래서 '자기 주도 학습'이 새로운 대안으로 주목받는 것은 아닐까? '자기 주도 학습'이란? 학습자 스스로 학습의 참여 여부에서부터 목표 설정 및 교육 프로그램의 선정과 교육평가에 이르기까지 교육의 전 과정을 자발적 의사에 따라 선택하고 결정하여 행하게 되는 학습형태를 말한다. 출처–교육학 용어사전, 서울대학교 교육연구소.

하지만 이 또한 아이들에게 짐이 될 수도 있다. 타율적인 교육에 적응하기도 버거워하는 아이에게 무엇보다 자기관리가 철저해야 하는 자기 주도 학습법은 무리일 수 있기 때문이다.

스스로 알아서 공부한다면 더 바랄 게 없겠지만, 실제 그게 쉽지만은 않은 것이다. 그러나 정말 공부를 잘하게 하고 싶다면 아이에게 가장 잘 맞는 공부법을 찾아내야만 한다. 그리고 아이가 스스로 그 공부방법에 확신을 가지고 실행에 옮겨야 한다. 만약 이런저런 방법으로도 좋은 결과를 얻지 못했다면 공부방법보다 아이에게 문제가 있을 수 있다. 그런 경우엔 먼저 아이의 문제가 무엇인지 진단할 필요가 있다. 정확한 진단이 내려져야 처방도 나오기 때문이다. 이때, 처방전에 따라 부모가 개입해서 모든 것을 고치려 하면 안 된다.

아이 스스로 자신의 문제를 인식하고 하나하나 고쳐나가는 노력이 필요하다. 부모는 응원하고 믿어주고 기다려주는 것이 최선이다. 그렇게 할 때 진정 부모가 원하는 결과를 얻게 될 것이다.

어른들은 문제를 쉽게 푸는 방법만 연구하여 아이들에게 가르친다.

난 요즘 운전해서 목적지를 찾아갈 때 내비게이션을 보고 따라간 길은 다시 내비게이션을 보지 않으면 찾을 수가 없다. 나만 문제가 있는 것인가 했더니 친구들 모두 그렇다고 한다. 쉽게, 그리고 빠르게 성적을 올리면 학부모들은 열광한다. 그래서 어른들은 아이들에게 문제를 쉽게 푸는 방법을 연구하여 가르치고, 아이들은 쉽게 성적 올리는 방법을 배운다. 어른은 돈을 벌고 아이들은 성적을 얻는다. 그러나 이 거래에서 불행하게도 '지식'을 얻지는 못한다. 네비게이션을 보고 간 길을 기억하지 못하는 것과 같은 이치다.

큰 아이가 그런다. 학교선생님이 무능력하다는 것이다. '아무리 무능력한 선생님도 너보다는 많이 알고 있다.'며 일축해 버렸다. 들을 가치도 없는 말이다.

문제를 푸는 방법만 가르쳐서 빠른 효과만 보게 하는 선생님과 진정한 지식을 쌓아주려는 선생님을 비교해서는 안 된다. 그런 선생님을 깎아내리는 것은 잘못이라는 것을 어른들이 가르쳐야 한다. 하지만 성적표의 숫자만으로 가늠하려는 어른들의 눈에 그것이 보일 리가 없다. 오히려 성적을 올려줄 족집게 과외 선생님만을 찾아다니기에 급급하다. 그러니 세상에 진정한 스승이 남아날 수 있겠는가? 진정한 스승과 능력 있는 스승의 차이를 아이에게 가르쳐서 깨닫게 해주고 싶다.

난 한 번쯤 학교든 학원이든 선생님의 수업을 믿어보라고 권한다. 수업시간에만 집중해도 충분히 중위권은 유지할 수 있다.

미술을 하면서도 꾸준히 상위권을 유지하는 학생들에게 공부하는 방법에 대해 물어보면 하나같이 학교수업시간에 열심히 한다는 것이다. 미술을 하다 보면 예습복습 할 시간이 없기 때문이기도 하지만 초등학교 때부터 그런 공부습관을 가지고 있었다고 한다. 괜히 상위권 가기 위해 학교수업은 뒷전으로 하고 예습복습을 다른 곳에서 채우려는 것보다 훨씬 경제적이고 효율적이라는 것을 증명하는 것이다.

한 번의 정체기는 필요하다.

어느 날 고등학교 1학년 아이가 필자를 찾아왔다. 중3 말엽에 나와 상담을 한 아이다. 그때 성적이 들쭉날쭉해서 공부방법을 물어봤더니 공부방을 다니고 있다고 했다. 고등학교에 가면 공부방을 다닐 시간도 부족하고 지금처럼 문제만 푸는 방법만으로는 공부가 안된다. 그러니 공부방에 의존하지 말고 혼자서 공부하는 방법을 찾아보라고 권했었다.

필자의 조언에 따라 고등학교에 올라가 한 학기 동안 혼자서 공부를 했는데 성적이 기대만큼 오르지 않아서 걱정이라고 했다. 그래서 떨어졌느냐고 했더니 그것도 아니라고 했다. 나는 당연하다고 아이를 달래서 보냈고 그 아이는 지금 중상위권 성적을 유지하고 있다.

공부방에서 찍어주는 해당 시험 범위의 문제와 풀이방법으로 시험을 보면 잘 보는 것은 당연하다. 하지만 스스로 지식을 쌓을 때는 점수와 무관하다는 생각을 해야 한다. 비유를 하자면 누군가에 도움을 받는 것은 비가 와서 땅이 물렁물렁해진 상태와 같아서 보기에는 흙이 많아진 것처럼 보인다. 또 잘 다져서 평평하게 하여 놓으면 당장은 그럴듯하게 보인다. 그러나 누가 밟고 지나가기라도 하면 땅은 다시 푹 꺼져버린다.

이것은 마치 과외나 공부방에서 문제를 푸는 방법만 습득하는 것과 같아서 금방 마르는 물처럼 외부의 자극 있으면 바로 성적이 떨어진다.

그러나 물에 젖은 땅을 다독인 다음 조금만 기다려보자. 햇볕이 비추고 땅이 말라간다. 그러면 흙은 마치 줄어든 것처럼 보인다. 그러나 땅은 더욱 단단해진다. 그 땅에 물건을 쌓는다고 생각해보자. 공부라는 것이 바로 이런 것이다. 조금 기다리다가 보면 실체가 나오고 그러면 해결방법도 생기는 것이다.

탈무드에 보면 **'자녀에게 물고기를 잡아주지 말고 물고기 잡는 법을 가르쳐주라'**고 하지 않던가? 우리 아이들에게 물고기 잡는 법을 알려주는 것이 바로 바른 공부방법이지 싶다. 부모의 조급함을 이용하여 돈을 버는 사람들을 욕하지 마라. 결국, 수요가 있으니까 공급도 되는 것이다. 그래도 부족한 것은 '콩'으로 채워라.

물로만 더 채우려고 든다면 목표했던 목적지는 훨씬 더 멀어질 수도 있다.

거실, 아이에게 양보하세요.

 우리 큰아이가 중학교 때 성적표를 받아 들고 TV를 없앨 결심을 했다. 매일 TV 앞에서 낄낄거리는 것이 원인이라고 판단했기 때문이다. 그러나 막상 버리자니 고민이 되었다. 최근에 비싼 돈 들여 산 것이어서 아까웠던 것이다. 일단 제일 작은 방에 놔두기로 했다. 그 날부터 우리 집의 분위기가 조금 이상해지기 시작했다. 집에서 제일 잘 조잘대는 사람이 없어진 것 같은 이 썰렁함은 뭐지?
 막내가 다섯 살이어서 애를 봐주시는 할머니가 계셨는데 어느 날, 일을 마치고 들어왔더니 우리 아들이랑 고스톱을 치고 계셨다. 이 황당함이란. 아무튼, TV가 없는 집은 정말 썰렁했다.
 주말이 되자 그 썰렁함은 극으로 치달았다. 결국, 난 무료함을 견디지 못하고 중학생 딸에게 풀다 남은 수학문제를 달라고 했다. 그렇게라도 이 시간을 보내야 할 것 같았다. 하지만 문제가 어려워 결국 포기하고 책을 읽었다. 이러기를 3개월 정도 했다. 다섯 살 아들은 TV에 대한 집착이 별로 없어서 인지 블록을 맞추면서 그래도 나름대로 잘 적응하는데 정작 어른들이 문제였다. 결국, TV를 안방으로 옮겨왔다.
 그렇게 지내기를 4년여…, 이젠 오히려 거실에 TV가 있는 광경이 더 이상하다. 우리 집을 방문하는 손님들은 거실 양쪽에 책꽂이가 있는 것과 노트북이 있는 것을 이상하게 생각하는데 거기에는 그만한 이유가 있다.

거실에 TV를 치우고 나서 아이들이 컴퓨터 게임과 인터넷 서핑에 빠지기 시작했다. 실제 컴퓨터는 학교 알림장 보는 것과 인터넷강의 정도 말고는 크게 필요가 없는데 아이들은 마치 컴퓨터가 없으면 공부를 못하는 것처럼 이야기했다. 그것을 모르지 않는 나는 방법을 바꿔보기로 했다. 움직일 수 없는 데스크톱 컴퓨터를 일단 없애버렸다. 그리고 사무실에 있는 노트북을 저녁때만 아이들에게 제공했다. 그러자 필요한 자료를 찾거나 알림장을 확인하는 것 외에 게임도 정해진 시간에 하는 것이 자연스럽게 되었다. 처음엔 반대했던 아이들에게 데스크톱 컴퓨터가 집에 없어도 모든 것이 가능하다는 게 증명이 되었다.

나는 주위의 지인들에게 이 방법을 여러 번 추천해 주었다. 해보든지 안 하던지 그것은 자유인데 적어도 아이들이 공부하기를 바란다면 부모도 거실을 점령하고 TV 보는 것 정도는 포기해야 적당한 거래가 아닐까 싶다.

아파트의 구조상 거실이 시끄러우면 아무리 각자 방에서 열중한다 해도 신경이 쓰이는 것은 당연하다. 그리고 TV 드라마는 중독성이 있어서 한 번 보면 그 다음 편을 꼭 봐야 한다. 반대로 안 보다가 어쩌다보면 재미없고 유치해 보인다.

우리 큰애가 한동안 대학시험이 끝나고도 TV가 유치하고 재미없다면서 안 봤던 이유다. 어찌 됐든 거실에서 TV를 치우고 나서 나는 많은 효과를 봤다. 심지어 집을 내놓았을 때 집 보러 오신 분이 거실이 참 넓다며 매우 마음에 들어 했다. 그 덕분에 집은 쉽게 매매가 이루어졌다.

큰애가 대학을 붙고 나서 우린 서둘러서 TV를 다시 거실로 옮겼다. 이제 당분간은 우리 부부도 입시에서 해방이 된 것이다.

공부 좀 못하면 어때?

MBC의 '아빠 어디가?'라는 프로가 인기다. 엄마 없이 아빠랑 단둘이 떠나는 여행을 하면서 간간이 던져지는 미션을 수행하는 프로인데 초반부터 묘한 매력에 보기 시작했다.

아이들의 모습을 가식으로 만들어낸다는 것은 어렵다. 통제가 안 되기 때문이다. 아니나 다를까, 한겨울에 텐트를 준비하는 과정에서 자신의 텐트가 마음에 들지 않아 뿌루퉁해져서 울던 아이는 쉽게 마음이 풀리지 않았다. 난처해진 아빠, 아이의 아침을 챙겨주는 것조차 망각하고 늦잠을 자던 아빠. 처음엔 한심한 상황들이 펼쳐지다가 회를 거듭할수록 아이와 소통이 제법 잘되어 갔다. 변하는 건 아이보다 오히려 아빠인 듯했다.

'윤후'라는 아이가 참 인상적이다. 너무도 천진난만한 8살. 그냥 그 또래의 아이다. 관심 있는 여자아이를 "지아씨~지아씨~"라고 능청맞게 불러대는 모습이 배꼽을 쥐게 하더니 몇 회가 지나자 느닷없이 아빠 [가수 윤민수] 에게 "아빠는 왜 나를 싫어해?"라고 묻는다.

아빠는 어리둥절하다. 한 번도 내색한 적이 없다고 생각했는데 아이는 자기를 싫어한다고 여기는 게 이상하다. 알고 보니 어릴 적 바쁜 아빠가 자기가 싫어서 집에 안 들어오는 것으로 알았다는 것이다. 아이는 이렇게 어른의 생각과 다르다. 지금 아이를 위해 열심히 일하고 학원수강료를 대주는 것이 결코 '사랑'이라고 느껴지지 않는다. 그것보다는 한 번이라도 따듯하게 놀아주는 것. 그것이 바로 사랑이라는 것이다. 학생들 설문조사를 하면서 느낀 것과 방송을 통해 나온 이 이야기가 결코 우연은 아니다. 필자 역시 아빠에 대한 따듯한 느낌은 아주 사소한 아빠의 실수로 웃게 된 에피소드였다. 이제 교육은 엄마가, 인간적이 따듯함은 아빠가 담당해야 하는 세상이 된 게 아닌가 싶어 살짝 미소를 짓게 된다.

chapter
10
우리가 만든 잘못된 교육환경

왜 사회지도층은 자녀들을 유학 보내는 걸까?

대한민국에서의 갈등

애들을 버려라.

엄마가 먼저 변해보자.

왜 사회지도층은 자녀들을 유학 보내는 걸까?

아이를 적으로 만들지만 마라.

고등교육이념

chapter 10

우리가 만든 잘못된 교육환경

왜 사회지도층은 자녀들을 유학 보내는 걸까?

사회적 명사들의 자녀가 유학을 많이 간다는 사실은 이제 새삼스러울 것이 없다. 정치인들, 경제인들, 고소득 전문가들, 연예인들, 고위공직자들, 교육자 등 그들은 잘 알고 있는 거다. 무의미한 경쟁을 위한 교육! 그것이 오늘의 우리 교육 현실이라는 것을 말이다.

우리의 교육환경은 지식을 통해 유익을 얻는 것이 아니고 맹목적인 입시경쟁이라는 것, 그것을 너무도 잘 알고 있는 사회지도층인사들은 외국어 능력과 글로벌마인드를 키우고, 글로벌 인재들과 인맥을 쌓고, 그리고 무의미한 입시경쟁에서 벗어나 자유롭게 공부시키고 싶다는 이유로 자식들을 외국에 유학 보내는 것이다. 그런데 우려스러운 것은 그들이 우리의 교육정책을 만들어내고 있다는 사실이다. 정작 자신들의 자녀는 외국으로 유학을 보내놓고 교육정책에 영향력을 행사한다는 것이 참 아이러니하다.

그들에게는 공교육이 죽든 사교육이 기승을 부리든, 자신의 문제가 아닌 남의 집 문제일 뿐이다. 그래서 대중영합주의에 편승하여 표를 쫓아 교육정책을 만들 수 있는 것이리라.

잘못된 교육정책의 폐해에서 적어도 자신들의 자녀는 비켜나 있기에 부담도 없을 것이다. 그런 부실한 교육제도를 따르기 위해 매년 그 많은 사교육비를 지출해야 한다는 우리의 현실이 서글프다. 무엇보다 큰 문제는 이런 교육 환경 속에서 우리 아이들이 병들고 있다는 사실이다.

다행히 새롭게 출범한 박근혜 정부에서 잘못된 교육제도를 바로잡기 위한 강한 의지를 보여주고 있어서 기대가 크다. 부디 백년대계를 생각할 수 있는 교육정책이 펼쳐지기를 바란다.

대한민국에서의 갈등

뱁새가 황새 쫓아가다 가랑이 찢어진다. vs 맹모삼천지교

난 맹모까지 할 생각은 없다.
가랑이 찢어진 뱁새가 더 무섭기 때문이다.

애들을 버려라.

　난 아침 TV 프로를 별로 좋아하지 않는다. 같은 내용의 반복이기 때문이다. 불륜, 고부갈등, 부부갈등, 노후문제, 크고 작은 사건·사고 등, 보고 있으면 마치 우리나라가 망해가는 느낌이 든다. 아침프로를 진행하는 MC들은 그 문제에 대해 박사가 다 되었을 거 같다. 어쩌면 저렇게 때마다 모르는 척 태연하게 질문을 던질 수 있을까? 한편으로는 이 문제들이 쉽게 해결될 수 없다는 점을 알기에 이해는 간다. 이 문제들이 어느 날 나의 문제가 될 수 있다는 것도 잘 안다. 그래서 시청자의 폭발적인 관심을 불러일으키는 것인지 모르겠다. 그러나 현실적으로 일어날 수 있는 그 문제에 대해서 얼마나 대비를 하면서 저 프로들을 보는지 묻고 싶다.
　교육문제도 해결하기가 매우 어려운 문제 중의 하나다. 어쩌면 살면서 가장 먼저 부딪히고 해결해야 할 문제이다. 그래서 교육문제는 국가, 사회, 가정에서 일어나는 모든 문제의 원천이지 싶다.

사교육이 의무교육이던가?

요즘 비싼 사교육비 지출 때문에 노후가 뒷전이 되었다고 정부를 상대로 불만을 터뜨리는 경우가 많다. 그럼 한번 물어보자.

'사교육이 의무교육인가?'

사교육 탓하지 마라. 수요가 있으니까 공급도 있는 거지 그것이 모두 다 하라고 강요해서 한 것은 아니지 않은가. 단지 내가 경쟁에서 이기고 싶은 마음에 아니 우리 애가 경쟁에서 이겼으면 하는 마음에서 주머니 털어 보내는 것 아닌가.

아이가 보내달라고 사정한 것도 아니고 내가 내 돈 들여서 자발적으로 보낸 것이다. 그래놓고 노후준비 못 하는 것을 왜 사교육 기관 탓을 하는가?

사교육기관을 허가해준 국가를 왜 욕하는가? 정말 누구 탓을 해야 하는지 가슴에 손을 얹고 생각해보자. 지나친 사교육 열풍, 그것은 바로 우리 부모들이 만든 것이다. 그래놓고 국가 탓, 사교육 기관 탓, 학교 탓만 하는 것은 철없는 행동이라고 생각한다. 우리 스스로 책임지는 더욱 성숙한 자세가 필요하다.

아이들에게 너무 잘해주지 말자. 어차피 떠날 놈들이다. 나의 노후를 먼저 챙기자. 돌이켜 종합해 보면 모든 원인은 우리 부모에게 있다. 아이들은 희생양이다.

우리는 우리 자신을 위해 희생했다. 결국, 여기서도 우리가 원인이다. 도대체 우리 세대는 무엇이 잘못되어진 것인가?

죽도록 돈 벌어서 자식을 가르치고도 좋은 소리를 못 듣는 세대.

부모를 부양해야 할 마지막 세대, 자식에게 버림받는 첫 번째 세대. 농담처럼 말하지만 정말 슬픈 현실이 아닐 수 없다.

"답은 한 가지다!"

우린 과감하게 먼저 자식을 버려야 한다. 내가 살아남기 위해서 자식을 정말 버리라는 것이 아니고 자식에게 쏟아 붙는 열정을 버리라는 것이다. 하나의 씨가 심어지면 적당한 물을 주고 싹이 난 후엔 스스로 알아서 성장한다. 비를 맞고 햇볕을 쬐고 성장하고 열매 맺는 것은 다음 성체가 돼가는 과정에서 저절로 알아가는 것이다. 이것에 더는 매달려서는 안 된다.

돌이켜보면 우리는 아이의 바른 성장을 위해 공부하라고 한 것보다, 내 아이가 경쟁에서 밀리는 것이 싫고, 그것이 곧 내가 경쟁에서 밀리는 것이라는 착각 때문에 아이에게 공부를 강요했던 것 같다. 이것만 인정하면 우리 아이를 편한 마음으로 바라볼 수 있다.

공부를 잘 못해서 남에게 자랑하지는 못할지언정 나에게는 너무나 사랑스럽고 예쁜 아이지 않은가. 그런데 왜 부모가 먼저 할퀴어서 상처를 내고 있었을까?

후회하는 그 마음이 얼마 가지 못한다는 것, 필자는 잘 알고 있다. 그래도 아이와는 계속 부딪힐 거니까. 서로 다른 성인이 만나는 것일 텐데 어찌 순탄하기만 바랄 수 있겠는가. 단지 좀 더 순탄해지려는 방법으로 제시할 뿐이다.

엄마가 먼저 변해보자.

초등학교는 아이들이 재미있게 노는 곳이다. 이곳에서 아이들은 6년 동안 공부가 어떤 것인지를 맛만 보면 된다. 이것을 실현하기 위해서는 엄마가 엄마들을 위한 경쟁을 하지 않으면 된다. 그렇게 하면 쓸데없는 지출도 없고 쓸데없는 눈치싸움을 벌이지 않아도 된다. 욕심만 버려라. 우리 아이가 1등을 해야 한다는 어설픈 욕심을 버려라. 그 시간에 아이에게 맞는 책을 사주거나 실컷 지치도록 놀게 해줘라. 아이가 밥을 잘 안 먹는다고 고민하는 엄마들이 있다.

아이 키 크게 하려고 한의원 병원 쫓아다니며 남편에게도 사주지 못하는 비싼 건강보조제 사주는 엄마들이 있는데, 그 시간에 죽도록 신나게 뛰어 노는 아이는 먹는 것에 적극적일 수밖에 없다. 왜 아이가 잘 안 먹는지를 돌아본다면 그 뒤엔 분명 무언가 강요했던 엄마의 모습이 있을 것이다.

중학교는 아이의 정신과 육체가 따로 성장하는 힘든 시기이다. 이해하려고 노력하는 것도 좋지만 해결하려고 덤벼들다 보면 자칫 큰 싸움이 생기는 시기이다. 그러므로 적극적으로 개입하기보다는 따듯한 눈으로 지켜봐 주는 것이 현명하다. 즉, 공부를 지나치게 강요하면 절대적으로 안 되는 시기이다.

고등학교는 대학입시를 준비하는 곳이다. 대학을 보내는 게 목표인 학부모에게 고등학교까지 놀게 하라고 하면 필자는 돌 맞아 죽을

지도 모른다. 나도 고등학교는 포기하라고 절대 말하지 않는다.

난 아이가 본격적으로 무언가를 시작하는 가장 좋은 시기를 중3 겨울방학이라고 생각한다. 그 이유는 정신적으로도 많이 성숙해졌고 대학이라는 곳이 피상적인 것에서 현실로 다가오는 시기이기 때문이다. 지금까지 실컷 논 아이가 무엇을 할 수 있느냐고 반문하는 분도 있을 것이다. 그러나 아이들에겐 무한한 가능성이 있다. 그동안 집약해온 힘과 대학을 가고자 하는 의지만 있다면 방법은 정말 무궁무진하다. 단 극상위권 즉, SKY를 원한다면 애초부터 이 글을 읽지 말라고 했던 것을 기억할 것이다.

고등학교에 들어가기 전 아이와 먼저 충분한 대화를 해보는 것이 좋다. 왜냐하면, 이제부터 본격적인 대학입시준비를 시작해야 하기 때문이다.

문과나 이과 중 어느 과를 선택할건지 미래희망은 무엇인지를 구체적으로 정하고, 거기에 맞춰 공부도 과목을 골라서 해야 한다. 컨설팅을 원한다면 난 이 시기가 가장 적당한 시기라고 생각한다. 너무 빨라도 안 되고 늦어도 조금은 후회할 것이다. 입시정보에 밝은 가까운 지인이라도 있다면 지금 찾아가 조언을 구하라.

그동안 놀게만 해주라고 했던 상황을 생각한다면 조금은 당황스러울 것이다. 트레이너는 조이고 푸는 시기를 정확히 알고 있기에 고등학교부터는 조이라고 권하는 것이다.

이 정도만으로도 공부에 대한 숨통은 트이지 않는가? 필자는 지금 엄마나 아이에게 '입시'라는 전쟁을 12년에서 3년으로 줄여준 것이다.

필자가 줄인 게 아니라 사실이 그렇다.

우리의 사회 환경이 치열한 경쟁구도를 만들어 놓고 아이들을 바짝 조였기 때문에 이런 여유를 오히려 불안하게 느끼는 것이다. 시간이 부족하지 않으냐고? 절대 아니다.

애인이 곧 나를 떠나 다른 사람과 결혼하는 것을 알고 있는 상황에서 돈을 쓰는 것은 바보나 하는 짓이다. 심지어 입학사정관제에서도 고등학교 기간 내에서 쌓은 스펙만 인정할 뿐이다.

최종목표가 무엇인가? 대학이라면 현재, 아니 이전 교육제도, 어디에서도 중학교 성적이 입시에 반영된 적은 없었다. 아까운 시간과 돈까지 써가면서 아이하고 사이까지 벌어지고 노후는 불안하다. 나중에 고생하지 말고 현명하게 결정하자. 과감하게 12년 중 딱 3년만 조이고 9년은 쿨 하게 놓아주자.

아이를 적으로 만들지만 마라.

잔소리는 아이 키우는 과정에서 안 할 수 없다. 단, 아이의 자존심이 상하지 않게 하는 것이 중요하다. 같은 잔소리라 해도 다음 중 어떤 것이 가장 기분 나쁘겠는가?

1. 공부해라.

2. 그만 놀고 들어가서 공부해.
3. 넌 점수가 이렇게 낮은데. 네 친구는 왜 이렇게 높니? 반 만 따라가 봐.
4. 다른 사람은 공부를 잘하는데 넌 뭐니. 공부 좀 해라.
5. 아빠, 엄마 친구 아이는 공부 1등 한다더라.

다 기분 나쁘다! 그래도 더 기분 나쁜 것은 3번이 아닐까 싶다. 그나마 기분이 덜 나쁜 방법은 1번이다.
어차피 하게 될 잔소리, 이왕이면 바꿔보자.

1. 공부해라. → **공부해라.**
   *개그맨 성대모사 하나쯤은 배워두고 하면 엄마의 모습이 재밌어서라도 적어도 짜증은 내지 않는다.
2. 그만 놀고 들어가서 공부해.
   → 놀만큼 노신 거 같은데 공부하시지요? 공주님.
3. 넌 점수가 이렇게 낮은데. 네 친구는 왜 이렇게 높니? 반 만 따라가 봐.
   → 네 친구 조만간 네가 공부하면 금방 잡히겠더라. 반만 따라가도 되겠는데.
4. 다른 사람은 공부를 잘하는데 넌 뭐니? 공부 좀 해라.
   → 다른 애들은 우리 아들보다 공부하는 시간이 긴 가봐. 아님 집중을 잘하는 방법을 터득하고 있나?
5. 아빠, 엄마 친구 아이는 공부 1등 한다더라.
   → 걔가 이번에 1등 했다는데 좀 부럽긴 하더라. 우리 아들도

엄마 좀 부러운 사람 만들어 줬으면 좋겠다.

* [유웨이어플라이] 2013학년도 대학입시의 모든 것.

　어떤 말이든지 어떤 감정을 싣고 전달이 되느냐에 따라서 듣는 사람이 받아들이는 의미는 어마어마하게 다르다. 아이에게는 조금 더 친근하게 친구처럼 이야기 해주는 것이 좋다. 특히 고학년으로 갈수록 더하다. 필자는 개인적으로 개그맨을 흉내 내는 것을 권한다. 아이가 공부하라는 소리도 재밌게 긍정적으로 들을 수 있는 나이이기 때문이다.

고등교육이념

우리나라의 민족사관고는 '출세를 위해서 공부하지 말고 학문을 위해서 공부하라'는 교육이념으로 민족 지도자를 양성한다고 하고, 미국의 최고의 고등학교인 '토마스 제퍼슨'은 '공부를 사랑하는 법을 학생들에게 가르친다는 교육목표를 갖고 수업하며, 인도의 귀족과 왕족이 다니는 '마요칼리지'에서는 '인내가 강인한 지도자를 만든다.'라며 여름에 에어컨 없이 수업하고 식사 전엔 항상 '세계 모든 사람이 음식을 먹게 해 주세요.'라는 기도를 한다고 한다.

친구 없이 '대학'이 세상의 종착역인 것처럼 오로지 한 곳만 보고 달리는 아이들이 대학을 나온다고 무엇을 할 수 있을까?

'자녀교육방법은 연어처럼 회귀 된다.'는 나의 가설이 사실이 아니기를 바랄 뿐이다. 이런 쓸데없는 경쟁만이 바른 교육방법으로 다음 세대에 강요된다면 정말 망국으로 치닫게 될 것이다.

chapter
11
우리아이가 공부를 못하는 진짜이유

공부를 싫어하게 된 여섯 가지 이유.

문제 해결 방법.

부모의 역할.

노력해도 안 되는 공부.

chapter 11
우리아이가 공부를 못하는 진짜이유

공부를 못하는 진짜 이유

 아이가 공부를 못하면 부모님은 걱정된다. 공부를 잘하게 하려고 여러 가지 방법을 찾게 되는데 대다수가 유명 학원이나 유능한 과외 선생님을 찾게 된다. 그래도 효과가 없으면 아이를 닦달한다. 이런저런 원인도 분석해보고 방법도 찾아보지만 뾰족한 대책이 없다. 그렇다고 포기할 수도 없다. 부모는 부모대로 아이는 아이대로 공부 때문에 스트레스가 점점 심해진다.
 아이가 공부를 못하는 이유는 많다. 많은 학생과 상담을 하면서 알게 된 공부를 못하는 '진짜 이유는 공부할 마음이 없어서다.'
 공부를 못 하는 게 아니라 안하는 거다. 한 마디로 공부하기 싫어서다. 공부를 못하는 원인은 바로 마음의 문제이다. 공부하라고 학교를 보내고 학원에 보내지만 아이는 공부를 하지 않는다. 공부를 왜 해야 하는지 모르겠다. 수학문제만 봐도 머리가 아프다. 공부가 재미없다. 노는 게 더 좋다. 공부하라는 소리만 들어도 짜증이 난다. 난 공부 체질이 아니다. 공부보다 다른 것이 하고 싶다. 공부에 대한 자신감이 없다는 것이다. 아이는 공부가 마음에도 없는데 유명한 학원에 보내고 과외 선생님을 찾아봐야 결국, 돈만 낭비하게 된다. 공부를 잘하게 하려면 먼저 아이가 공부할 수 있도록 마음을 잡아줘야 한다. 아이가 공부하려는 의지를 갖추고 노력할 때 공부방법은 필요한 것이다. 공부할 마음도 없는 아이에게 아무리 좋은 공부비법을 알려줘야 소용이 없다. 그렇다면 무엇이 아이가 공부 할 마음이 없게 만들었을까?

공부를 싫어하게 된 여섯 가지 이유

1. **공부에 대한 목표의식이 없다.** 구체적인 꿈이 없는 경우다. 그러다 보니 매사에 하는 척만 한다. 학교나 학원, 가정에서도 마찬가지다. 시키면 하는 척만 하다 보니 공부를 잘할 리가 없다. 성적이 조금씩 떨어지고 진도가 뒤처지기 시작하면 나중엔 감당할 수 없게 된다. 결국, 공부를 포기하게 되는 것이다.
▶무엇보다 공부해야겠다는 동기부여가 필요하다. 아이가 구체적인 장래희망을 품도록 돕자. 누군가를 닮고 싶어 하거나 미래에 이루고 싶은 꿈을

목표로 세울 수 있게 하여 주자. 재능과 끼가 보이는 분야, 아이가 하고 싶은 것을 배우도록 해주는 것도 좋은 방법이다.

2. 지나친 선행학습이 공부에 대한 의욕을 떨어트린다. 선행학습은 처음에는 약이 되지만 나중엔 오히려 독이 된다. 학원에서 중학교 2학년 과정을 선행 학습하는 아이에게 학교에서 초등학교 6학년 수업을 받게 해보라. 수업에 열중할 수 있겠는가? 어른이어도 짜증이 날 것이다. 학교수업에 불성실하다 보면 공부하는 자세가 흐트러진다.

공부가 싫증나고 수업을 건성으로 받게 된다. 의욕상실, 공부가 싫어지면 마음을 다잡는 게 쉽지 않다.

▶아이는 어느 순간 지친다. 6개월 이상의 선행학습은 금물이다. 한 학기면 충분하다.

3. 남과 비교하지 말자. 누군가와 비교당하는 것, 그것도 나의 부족함을 들춰내는 비교를 당하고 기분 좋을 사람은 아무도 없다. 그것도 자주 반복된다면 어떤 기분이 될까? 부모님과 말도 하기 싫어지고 얼굴만 봐도 짜증이 날 것이다. 그때부터 자녀와의 소통은 끊어진다. 그럼에도 자녀가 공부 잘하는 모범생이 되기를 꿈꾸는가? 정말 꿈이 야무지다고밖에 말할 수 없다.

▶사람마다 재능과 끼가 다르다. 상대 비교하지 말자. 다르다는 것을 존중해 주자. 자식은 복제물도 아니고 불량품도 아니다. 세상에 단 하나뿐인

부모의 합작품이다. 그러니 얼마나 귀한 존재인가? 못한다는 잔소리보다 장점을 찾아 칭찬해주자. 단점은 보완할 수 있도록 도와주고 격려해 주자.

4. **선생님에 대한 존경심이 없다.** 학원의 선행학습을 받은 아이는 학교에서 이미 다 아는 내용을 학교선생님께서 반복하면 듣기 싫어진다. 슬슬 딴짓을 한다. 그 사실을 잘 알고 있는 선생님도 아이만 나무랄 수 없다. 하지만 선생님도 감정이 있어서 눈 밖에 난 아이에게 애정을 주기가 쉽지는 않을 것이다. 그러다 보면 사제간의 정은 쌓이지 않는다. 선생님도 아이에게 특별한 애정을 주지 않고 아이도 선생님을 존경하지 않는다. 그러니 학생이 교사를 폭행하는 있을 수 없는 사건도 발생하는 것이다.

학교에서 선생님께 배우는 것은 지식이 다가 아니다. 공부보다 중요한 게 인성인데 제대로 교육이 이루어질 리 없다. 학생이 학교가 싫어지고 선생님에 대한 존경심이 없다면 수업에 충실할 수 없다. 당연히 공부도 잘될 리가 없다.

▶가정에서 왜 선생님을 존경해야 하는지 가르쳐야 한다. 아이 앞에서 선생님에 대해 부정적인 이야기는 하지 말고 되도록 긍정적인 이야기를 하자. 혹, '선생님이 존경 받을 만해야지 존경하지.'라는 부모님도 계실 거다. 물론 선생님도 스승의 자격이 없다면 비판받을 수 있다. 그래도 학생은 제자의 도리를 해야 한다. 비판은 그다음이다.

아이가 선생님을 존경하는 데 어느 선생님께서 스승이 되기를 거부하겠는가? 교사로서 자질이 부족한 선생님이어도 자신을 존경하는 제자를 실망시키지는 않을 것이다. 그것이 인지상정이다. 좋은 선생님을 만나는 것은 축복이다. 부정적인 시각으로 선생님을 바라볼 때 좋은 선생님을 만날 수 있는 기회도 잃어버린다. 사람과 사람의 관계는 상대적이다. 다른 학생에게 나쁜 평을 듣는 선생님도 내 아이에게 좋은 선생님이 될 수 있다. 그러므로 선생님에 대한 지나친 편견은 금물이다.

5. **잘못된 공부습관 때문에 성적이 오르지 않는다.** 노력하는데도 결과가 나쁘다. 책을 펼치고 있지만, 생각은 딴 곳에 가 있다. 공부하면서 동시에 게임을 한다. 시험이 닥치면 벼락치기로 공부한다. 책상에 잠시도 앉아있지를 못한다.

계획을 세워도 잘 실천하지 못한다. 조금만 어려운 문제를 만나면 책을 덮는다. 예습이나 복습을 하지 않는다. 좋아하는 과목 위주로 공부를 편식한다. 이해를 못 해도 진도는 나간다. 잘못된 공부 습관은 그 외에도 다양하다.

▶먼저 무엇이 문제인지 찾아내라. 문제를 찾았다고 해서 한꺼번에 해결하려는 욕심은 금물이다. 급하게 먹는 음식이 체하듯이 공부도 마찬가지다. 무엇이 문제인지 리스트를 작성하고 한 가지씩 단계별로 개선해 나가게 하자.

조금씩 나아질 때마다 성취감을 맛볼 수 있도록 구체적으로 칭찬하자. 남은 문제도 해결하겠다는 각오를 다질 수 있도록 격려한다. 이 과정을 통해 아이는 문제를 풀어나가는 방법을 배우고 성취감을 통해 공부의 기쁨을 느끼며 할 수 있다는 자신감을 갖게 될 것이다.

그렇다면 좋은 공부 습관은 어떤 것일까?

- 모르는 문제는 확실히 알고 넘어가자. 한 번 배우고 다 안다면 얼마나 좋을까? 하지만 진도를 쫓아가기도 벅찬 게 아이의 현실이다. 그래서 예습·복습이 강조되는 것이다. 특히 앞으로 공부할 내용보다 이미 공부한 내용을 마스터하는 게 더 중요하다. 진도를 많이 나가는 것 보다 배운 것을 확실히 내 것으로 만드는 것. 공부 잘하는 아이들이 예습보다 복습에 치중하는 이유다.

- 시험에서 좋은 성적을 얻으려면 선택과 집중이 중요하다. 시간의 여유가 있을 땐 아이가 가장 약한 부분을 집중적으로 공부하게 한다. 그러나 시간이 부족할 땐 조금만 노력하면 확실히 내 것으로 소화할 수 있는 부분을 공략하게 한다.

- 독서 습관을 들여라. 평소 책을 가까이할 수 있는 환경을 만들어 주고 꾸준히 읽게 하자. 독서는 아이가 다양한 지식을 습득할 수 있게 해준다.

- 집중할 수 있는 환경이 중요하다. 아이가 집중하기 어려워하면 책상의 위치를 바꿔주거나 집중을 방해할만한 요소는 과감하게 없앤다.

- 공부를 잘하려면 체력이 중요하다. 적당한 운동방법과 운동시간을 정해놓고 꾸준히 하는 습관을 들인다. 공부는 정신적 에너지는 물론 체력의 소비도 심하다. 체력이 받쳐주지 않으면 장시간 공부에 집중하기 어렵다.

- 휴식을 하게 하자. 평소 시험 준비를 열심히 하고도 시험 당일 날 컨디션 조절을 못 해 시험을 망치는 경우를 자주 본다. 시험에서 컨디션조절도 중요한 변수다. 적어도 시험 하루 전엔 충분한 휴식을 취하면서 컨디션을 조절하자.

- 규칙적인 생활습관이 중요하다. 불규칙적으로 생활하거나 계획 없이 하루하루를 빈둥거리며 보내는 사람은 경제적 성공을 이루기 어렵다. 공부도 다르지 않다. 규칙적인 생활, 하루하루 공부계획을 실천하는 아이는 좋은 성적을 낼 수밖에 없다. 아이가 계획표에 따라 실천하는 습관을 들일 수 있도록 도와야 한다.

6. 부모의 지나친 경쟁의식이 문제다. 부모의 대리만족을 위해 목표를 정해놓고 아이를 채찍질한다. 아이는 부모의 강요 때문에 억지공부를 하게 된다.

　▶강요해서 하는 공부는 좋은 결과를 만들 수 없다. 심각한 것은 공부에 대한 스트레스가 아이의 목을 죄는 것이다. 아이는 공부에서 탈출하려다가 가출할 수도 있다. 부모의 이기심이 아이의 장래를 망칠 수 있다는 것

을 경계해야 한다. 공부할 수 있는 동기부여가 필요하다. 아이가 스스로 공부에 의욕을 가질 수 있도록 방법을 찾아주자.

문제 해결 방법

어떤 문제를 해결하려면 무엇이 문제인지 정확한 진단이 필요하다. 진단이 나와야 치료하는 방법도 나온다. 그다음엔 처방된 약을 투약한다. 그러나 의사가 아무리 정확한 진단을 해서 처방전을 내도 환자가 약을 먹지 않으면 회복은 쉽지 않다.

공부습관이 잘못되면 무엇이 문제인지 알아도 자신이 개선하려는 의지와 노력이 없으면 힘들다.

습관은 하루아침에 바뀌지 않는다. 쉽게 바뀌지 않는다는 것을 인정하자. 서두르지 말고 여유를 가지고 꾸준히 노력해야 한다. 조금씩 바꿔다 보면 목표를 이룰 수 있게 될 것이다.

문제점 찾기

부모의 위치에서 가르치려 하지 말고 친구처럼 편하게 대화하자. 부모님은 아이가 자신의 문제가 뭔지도 모르고 노력도 안 한다고 생각한다. 그러나 오해다. 사실 아이는 자신의 문제점을 이미 알고 있다. 아이들과 대화를 나누다 보면 대부분 자신의 단점도 알고 있고 바꾸려고 노력도 해봤다고 한다. 여러 가지 이유 때문에 실패했을 뿐이다. 문제점 찾기의 핵심은 아이의 단점 찾기가 아니라 단점을 극복하기 위한 노력이 왜 실패했는지를 찾는 것이다. 대화도 아이가 자신의 문제점을 개선하려고 노력했다는 점을 인정하면서 시작해야 한다. 아이가 왜 자신의 노력이 실패했는지 그 이유를 부모님께 설명한다면 문제점을 찾은 것이다.

처방전

실패의 원인은 다양하다. 원인을 알았다면 어떤 처방이 필요한지도 나올 것이다. 이 때, 아이에게 가르치려 하지 말자. 대화를 통해서 아이가 올바른 처방전을 스스로 내도록 조언하자.

부모님께서 내려준 처방보다 아이가 스스로 내린 처방이 치료결심을 이끌어내는데 훨씬 효과적이다. 왜냐하면, 부모님이 대신 약을 먹어줄 수 없기 때문이다.

투약

진단을 내리고 약을 처방했다면 투약하면서 치료하는 과정이 필요하다. 바꿔보고 싶다. 달라지고 싶다. 내 한계를 넘어서고 싶다. 해보자. 할 수 있다는 각오를 다지면서 실천하는 것은 온전히 아이의 몫이다. 나귀를 물가로 끌고 갈 수는 있지만 물을 마시는 것은 나귀의 몫이다. 짧은 속담 속에 진리가 담겨있다.

간병기

부모의 역할에 대해서 깊이 생각해 보자. 처음부터 잘하지 못해도 괜찮다. 바뀌는 속도가 느려도 포기하지만 않는다면 시간의 문제일 뿐 결국, 목적지에는 도착할 수 있다. 부모님은 트레이너가 되지 말고 환자를 간병하는 자세가 되어야 한다. 의사나 약사, 환자가 아니고 간병하는 입장이라는 사실을 망각하지 말자.

그 역할을 벗어나는 순간 공든 탑은 일거에 무너진다. 무너진 탑은 복구가 어렵다. 다시 쌓으려는 마음을 추스르기가 정말 어렵다. 아이는 어른이 아니며 나와 생각도 의지도 다르다. 환자도 고통스럽지만 간병인도 힘들다. 그것을 인정하고 완쾌 후 얻게 될 기쁨을 생각하며 정성을 들여야 한다. 부모가 어떻게 하느냐에 따라 아이의 인생이 달라질 수 있다. 그 점을 마음 깊이 새기자.

회복기

결국, 핵심은 마음의 문제다. 공부를 잘하고 못하고는 자신의 의지에 달렸다. 즉, 마음먹기에 달린 것이다. 아이는 아이대로 부모는 부모대로 역할이 있고 감당할 몫이 있다. 답답하다고 힘들다고 아이가 부모를, 부모가 아이를 대신할 수는 없다.

서로 자신의 역할을 충실히 하는 것, 그리고 힘이 되어 주는 것, 소통하는 것, 생각과 마음을 공유하는 것, 서로를 믿어주면서 삶을 더 좋은 방향으로 함께 바꿔나가는 것이다. 부모의 말과 행동, 태도에 따라 아이는 큰 영향을 받는다. 부모가 자녀를 믿지 않으면 자녀도 부모를 불신한다. 아이의 의견에 귀를 막는 순간 소통은 불통이 된다. 부모가 아이에게 하는 그대로 부메랑이 되어 부모에게 돌아온다. 즉 부모의 행동에 따라 아이의 행동도 달라진다는 것이다. 그러므로 부모는 행동 하나, 말 한마디에 신중해야 하고 늘 바른 마음자세로 아이의 거울이 되어야 한다.

부모의 역할

이것만은 제발 하지 말자.
- 아이는 공부하는 기계가 아니다. 아이에게 공부만을 강요하지 말자.
- 다른 아이와 내 아이를 비교하지 말자.
- 시험 결과나 성적표를 보고 심하게 야단치며 아이를 기죽이지 말자.
- 부모의 생각대로 아이를 로봇처럼 조종하며 통제하려 하지 말자.
- 사소한 문제여도 아이의 의견을 무시하지 말자.
- '넌 도대체 누굴 닮아서 머리가 그렇게 나빠.'라든가 '그렇게 공부해서 거지밖에 더 되겠어.'라며 인격모독을 하지 말자.
- 아이는 온실 속의 화초가 아니다. 과잉보호하지 말자.
- 아이와 지키지 못할 약속은 하지 말자.
- 아이가 하는 일에 방관자가 되지 말자.

부모가 해야 할 역할은 아이가 공부에 대한 동기부여를 할 수 있도록 돕는 일이다. 자녀가 공부하는 방법, 장단점, 힘든 점은 무엇인지

세심하게 살펴야 한다. 아이가 언제나 부모와 편하게 대화하며 의사소통이 되도록 해야 한다.

이것만은 꼭 하자.
- 아이에게 늘 관심을 두고 지켜보자.
- 아이가 잘하면 칭찬해주고 실수하면 격려하자.
- 아이가 목표를 정하고 도전하면 적극 응원하자.
- 아이가 자신감을 잃으면 용기를 불어넣어 주자.
- 아이와 편하게 자주 대화를 나누자.
- 주말엔 아이를 위해 시간을 보내자.
- 아이와 한 약속은 반드시 지키자.
- 아이가 좋아하는 것, 잘하는 것을 적극 밀어주자.
- 아이에게 다양한 체험의 기회를 갖게 해주자.
- 아이가 커서 무엇을 하고 싶은지 구체적인 꿈을 그리게 하자.
- 아이에게 롤 모델을 만들어 주자.
- 아이의 의견을 존중하자.

공부는 머리가 아니라 가슴으로 하는 것이다. 그러므로 가슴에 꿈을 품게 하자. 꿈을 이루기 위해 열정을 품게 하자. 열정이 있으면 온 힘을 다하게 된다. 힘들고 어려워도 기필코 꿈을 이뤄 낸다. 공부는 아이가 감당해야 할 몫이다. 부모가 해줄 수 있는 것과 없는 것의 경계선이 존재한다. 하지 말아야 할 것과 해야 할 일, 그 경계선을 지키는 것이 바로 부모의 역할이다.

노력해도 안 되는 공부

마음을 잡고 열심히 공부해도 성적이 오르지 않는다. 왜 그럴까? 원인은 두 가지다.

첫째, 공부 습관이나 방법의 문제다.
둘째, 두뇌의 문제이다. 머리가 좋거나 나쁜 것을 말하는 것이 아니다. 좌우 뇌의 특성을 말하는 것이다.

첫 번째 문제는 잘못된 공부습관을 고치거나 자신에게 맞는 공부방법을 찾으면 해결된다. 그런데 두 번째는 노력한다고 해결될 문제가 아니다.

현대과학은 인간이 우뇌와 좌뇌를 가졌고 서로 다른 역할을 한다는 사실을 밝혀냈다. 좌뇌는 오른손, 우뇌는 왼손을 지배한다. 우뇌형은 직관적이고 사물을 시각적으로 파악한다.

예술적인 재능이 풍부하고 창의력이 뛰어나다. 그래서 문과나 예체능계열에 어울린다. 반면 좌뇌형은 논리적이고 언어에 강하다. 분석능력이 뛰어나고 숫자에 강하다. 그래서 이과 과목에 강하다.

우뇌가 발달한 아이는 숫자에 약하고 언어구사력이 부족하다. 그래서 수학이나 과학에 약하다. 아무리 노력해도 결과가 신통치 않다. 반면 좌뇌가 발달한 아이는 직감이나 공간관념이 약하다. 따라서 미술이나 음악 등 예술적 감각이 부족하다.

좌뇌형 아이가 아무리 예체능 과목을 좋아하고 노력해도 잘하기는 어렵다. 반면 우뇌형 아이가 아무리 유능한 선생님에게 공부비법을 전수받고 노력해도 수학이나 과학에서 만점 받기는 어렵다.

부모님은 그것을 인정하고 아이의 재능을 찾아 적성에 맞는 진로를 선택하게 해주자.

아이는 공부에 대한 스트레스를 날려버리고 즐겁게 공부하게 될 것이다. 부모와 아이 모두 만족할만한 학습효과를 얻게 될 뿐 아니라, 관계까지 좋아지게 될 것이다. '행복한 공부 중산층 만들기.' 그것이 바로 필자가 이 책에서 일관되게 주장한 '콩 찾기'이다.

에필로그

공부가 지겨워진 아이에게 공부를 더 강요하는 것은 결코 현명한 방법이 아닙니다. 그것을 피해 나가려고 아이는 엉뚱한 노력을 합니다. 그 결과 부모님은 지쳐가고 아이와 거리만 멀어집니다.

내 아이가 어떤 아이인지 부모님의 모습과 비교해서 판단해 주세요. 그리고 그 아이에게 부족하다 싶은 것을 그 아이가 잘하는 것으로 채워주세요. 그것이 무엇이든 좋습니다. 그래도 다른 아이보다 부족한 것 같으면 있는 그대로 인정해 주세요. 그리고 믿어주세요. 그러면 그 아이는 반드시 훌륭하게 성장할 것입니다. 어른이 돼서도 그때 자신의 모습이 최선이라고 인정할 겁니다. 공부 잘하는 아이가 행복한 게 아니라 그 엄마가 행복한 겁니다. 아이는 절대로 행복하지 않습니다.

행복은 성적순이 아니잖아요?

그렇습니다. '행복'이라는 그릇은 성적만으로 채워지는 것은 아닙니다. 어디 그것뿐인가요? 재물도 성적순으로 얻어지는 게 아닙니다. 건강도 성적순으로 얻어지는 게 아니죠?

성공과 명예.

돈이나 권력.

건강과 사랑.

이 세상에서 가장 중요하다는 이 모든 것이 결코 성적순으로 되는 게 아니랍니다.

우리는 공부가 인생의 모든 것을 보장해준다는 착각 속에 사는 것은 아닌가요?

내 아이의 삶이 행복해지려면 어떻게 해야 할까요?

부모님께서 먼저 마음을 터놓고 아이의 목소리에 귀 기울여 보세요.

그럼 알게 될 것입니다.

아이가 진정 무엇을 원하는지를….